Begeisterung fürs Leben

Uwe Böschemeyer

Begeisterung fürs Leben

Die Kraft deiner Gedanken

Ellert & Richter Verlag

Inhalt

Einführung

Vorbemerkung

Liebe Leserin, lieber Leser,

der bekannte Neurobiologe Gerald Hüther äußerte vor nicht langer Zeit, wir lebten in einer begeisterungslos gewordenen Gesellschaft. Wenn er mit seiner Annahme recht haben sollte, so bedeutet das nicht, dass der vermutete Mangel an Begeisterung unser Schicksal ist. Gewiss, Leben ist oft alles andere als begeisternd. Doch ist da ein großer Unterschied, ob ich mehr – oder weniger – das Leben bejahe. Und gerade darum geht es mir in diesem Buch: zu beschreiben, dass die Bejahung von Leben, des eigenen wie des Lebens überhaupt, die Grundlage für ein Lebensgefühl ist, dem Begeisterung nicht fremd ist. Die folgenden sechs Themen könnten das Ja zum Leben fördern. Sie erschienen bereits in Einzelausgaben und erfreuten sich einer solchen Begeisterung, dass mein Hamburger Verlag sich dazu entschloss, sie nun in einem Sammelband mit einer Einführung herauszugeben.

Eine gute Zeit beim Lesen wünscht Ihnen

Uwe Böschemeyer

Vom Glück und wie man es findet!

Es hat lange gedauert, bis ich mich mit dem Wort „Glück" anfreunden konnte, denn es verwirrte mich. Als ich ein Kind war, dachte ich, man müsse das Glück auf den Gesichtern der Menschen sehen können. Aber da waren so wenige Gesichter, auf denen es sich mir zeigte. Vor allem eine Frau des Dorfes, in dem ich aufwuchs, machte mir zu schaffen. Sie wirkte nie fröhlich und lachte nie, obwohl sie im schönsten Bungalow wohnte (Bungalows waren in jener Zeit eher eine Seltenheit). Sie hatte zwei gesunde Kinder, und ihr Mann galt als besonders freundlich. Wie kann es sein, dachte ich, dass man dieser Frau nicht das Glück ansieht? Wahrscheinlich bewirkte diese für mich nicht lösbare Frage den ersten Riss in meinem kindlichen Weltbild.

Später, als ich mit Menschen zu arbeiten begann, begegnete ich vielen, die mir sagten, sie seien unglücklich. Das verstellte mir zunächst den Blick für diejenigen, die das Glück kannten. Je älter ich wurde, desto wichtiger wurde mir die Beschäftigung mit diesem Thema, denn mir ging immer mehr auf, warum es wichtig ist, glücklich zu sein: Ein glücklicher Mensch ist freundlich und gütig, manchmal sogar schön. Er ist mit sich eins. Er bejaht das Leben, das *ganze* Leben, sein eigenes und das Leben überhaupt, nicht nur die „positiven", erfreulichen Zeiten, auch die „negativen", beschwerlichen. Er hat Frieden. Er ist frei. Menschen, Tiere, wohl auch Pflanzen fühlen sich in seiner Nähe wohl. Sie blühen auf. „Durch die Freude wird der Sinn sesshaft", hat ein weiser Chassid gesagt, „aber durch die Schwermut geht er ins Exil."

Wahrscheinlich verbindet Menschen nichts mehr als die *Sehnsucht* nach Glück. Darin sind sich die Weisen aller Völker und aller Kulturen zu allen Zeiten einig gewesen, *nicht* jedoch darin, was denn Glück sei und wie man es erreichen könne. Das gilt insbesondere für die Philosophen, die Liebhaber der Weisheit.

In der Antike galt der Satz: „Alle Menschen möchten glücklich sein." Er drückte die gemeinsame Überzeu-

gung all jener aus, die nach *bestimmten* Voraussetzungen
für ein gelingendes Leben fragten, allen voran die Grie-
chen Platon, Aristoteles, Epikur und die Stoiker. Und der
Römer Cicero formulierte: „Die Untersuchung des glücklichen Lebens ist der einzige Gegenstand, den sich die
Philosophie zum Zwecke setzen muss." Das hieß, dass der
Mensch alles, was er sonst will, letztlich um dieses Zieles
willen will. Deshalb wurden alle menschlichen Handlungen danach beurteilt, ob sie geeignet und „richtig"
waren, dieses Ziel zu fördern oder nicht.

Die Philosophen der Neuzeit dagegen konnten für die
Suche nach Glück keine verbindlichen Hinweise mehr
geben. Und würden Sie heute tausend Menschen befra-
gen, *was* sie das letzte Mal glücklich gemacht habe, bekä-
men Sie vermutlich tausend unterschiedliche Antworten
zu hören, etwa diese:

Als mich mein Chef endlich einmal lobte. Als ich kürzlich an einem frühen Sommermorgen auf einen kleinen See schaute. Als ich in einem Konzert meine
Lieblingspianistin live erlebte. Als ich meine Frau
sagen hörte: „Ich bleibe bei dir." Als ich mit dem Rau-
chen aufhören konnte. Als mir der Arzt sagte: „Sie
sind gesund." Als mein Kind gar nicht aufhören
konnte zu lachen.

Was ist Glück für mich?
Ich habe nach langem Überlegen diesen Satz gefunden: Glück ist das Erleben eines Menschen, die Situation,
in der er sich befindet, voll bejahen zu können und nirgendwo anders sein zu wollen. Und weil das Leben polar
ist, findet der am meisten Glück, der es in hellen und in
dunklen Gefilden sucht, im Inneren und im Äußeren,
nicht nur in der Jugend und in den mittleren Jahren, sondern auch im Alter.

Es gibt zwar keine verbindlichen Rezepte, die uns
sicher zu den Schlössern des Glücks brächten. Von den
Mythen, Märchen und Träumen haben wir jedoch gelernt –
sie spiegeln die Weisheit der Völker und ihre Erfahrun-

gen mit dem Leben wider –, dass es sehr wohl bestimmte *Wege* gibt, die zu diesen Schlössern führen. Diese Wege sind oft mühsam, manchmal sogar gefährlich, aber es gibt sie. Sie führen nicht zwangsläufig zum Ziel, sind jedoch günstige *Voraussetzungen* dafür, es finden zu können. Diese Wege muss man *suchen*. Dieses Suchen aber gehört zum Wesen des Menschen. Warum? Weil er Geist hat und Geist nur dann lebendig wird, wenn er sich auf wichtige Ziele bezieht. Geist? Das ist die jedem Menschen *im Grunde* gegebene Fähigkeit, sich allem Leben gegenüber, dem inneren und dem äußeren, frei verhalten oder sich darauf einstellen zu können.

Und was sind wichtige Ziele?
Wichtige Ziele sind die spezifisch menschlichen Werte. Sie sind einerseits Leitlinien zur Orientierung auf der Suche nach Sinn und Glück, andererseits starke Energiefelder, jedenfalls dann, wenn wir uns eindenken, einfühlen und einleben in den Wert, den wir leben möchten, z. B. die Liebe, den Mut, die Freiheit.

Wie also findet man Glück?
Beginnen wir mit den Gedanken. Wir „sehen" nur wenig von dem, was sie in uns und anderen bewegen. Dabei sind Gedanken eine Großmacht. Sie nehmen Einfluss auf unsere Gefühle, unsere Entscheidungen und unser Handeln. Ich zeige mit den in diesem Buch versammelten Texten Hilfen auf, die uns befähigen, so gut wie möglich mit unseren Gedanken umzugehen, negative in positive zu verwandeln und damit den Sinn in unserem Leben zu erkennen. Das heißt, wir stellen uns den Fragen des Lebens, um wieder Raum für eigene Entscheidungen, verantwortliches Handeln und für belebende Begeisterung zu finden. Das macht glücklich.

Sich selbst kennenlernen

„Das Geheimnis des Glücks, nach dem jede Seele strebt, beruht auf der Kenntnis unserer selbst" (Hazrat Inavat

Khan). Viele Zeitgenossen sind der Auffassung, sie wären glücklich, wenn sie wohlhabend und daher wirtschaftlich unabhängig, wenn sie berühmt, bekannt und anerkannt, wenn sie gesund und frei wären von dem, was sie üblicherweise bedrängt oder bedrückt. Es wäre töricht, wollte man so tun, als ob diese Vorzüge das Wohlbefinden nicht begünstigen könnten. Und doch: Wenn nicht in uns *selbst* das Leben fließt, wenn sich nicht die Seele immer wieder erneuert, verändert, weiter und tiefer wird, stellt es sich auf Dauer nicht ein. Darum ist es wichtig, sich so gut wie möglich kennenzulernen. Denn nur dann, wenn wir uns kennen, können wir wissen, was zu uns und einem uns gelingenden Leben gehört.

Ich kann Sie zu diesem Unternehmen nur ermuntern, denn, so hat der große Seelenkenner C. G. Jung einmal gesagt: „Selbsterkenntnis ist ein Abenteuer, das in unerwartete Weiten und Tiefen führt."

Was ist dieses Selbst?

Da ich Ihnen angesichts dieses großen Wortes nicht mit einer Definition kommen mag, antworte ich Ihnen so: Wenn es ganz still geworden ist in Ihnen und sich Ihre Gedanken zurückgezogen haben, wenn Sie angefangen haben, in die Stille zu hören, in Ihre eigenen inneren Räume, dann erfahren Sie, dass das „Selbst" mehr ist als ein Wort. Sie ahnen, dass alles in Ihnen zusammenhängt. Sie ahnen, dass auch die scheinbar getrennten „Teile" in Ihnen von einem Mittelpunkt gehalten und geordnet werden. Und wenn Sie das ahnen, dann wird Ihnen warm und weit ums Herz. Dann erfahren Sie sich selbst.

Das Selbst – das ist jenes nicht messbare, nicht erklärbare, nicht beschreibbare, nicht auslotbare, nicht vergleichbare Eigengefühl eines jeden Menschen, ein Mikrokosmos im Makrokosmos zu sein, eine eigene Welt in der ganzen, uns alle umgebenden großen Welt des Lebens. Deshalb ist Selbsterkenntnis weit mehr als das Kennenlernen unserer Eigenschaften, Einstellungen, Verhaltensweisen etc., es ist die tief gefühlte Erfahrung dessen, was wir unser Wesen, unseren Kern nennen.

Was sollten wir denn *zunächst* von uns kennenlernen?
Beispielsweise
* den *Strom der Familie*, aus dem wir stammen, denn wenn wir ihn erkennen, können wir uns entscheiden, ob wir ihn fortsetzen wollen oder nicht,
* die *Zusammenhänge* unseres bisherigen Lebens, denn wenn wir sie entdecken, entwickelt sich ein Zusammenhang auch in uns,
* die *Gefühle*, die hellen ebenso wie die dunklen, denn sie sind nicht nur, wie man oft so harmlos meint, Stimmungen, sondern Kräfte, die unser Lebensgefühl *bestimmen*,
* die *Wünsche*, die dunklen und die hellen, denn sie zeigen an, was uns gefährden und was uns beglücken könnte,
* die eigenen wahrscheinlichen *Grenzen*, denn wer sie kennt, kennt den Raum der Freiheit, der ihm zur Verfügung steht,
* die eigenen verborgenen *Begabungen*, denn wer von ihnen weiß, sieht, womit er sorgsam umzugehen hat,
* das *Problem*, unter dem wir am meisten leiden, sei es 1. das *lebensgeschichtlich* bedingte, z. B., dass jemand in Kindheit und Jugend übersehen wurde oder an einer tiefen, noch immer nicht geheilten Wunde leidet, 2. das *typologisch* bedingte, die permanente Ungeduld, die Sucht, andere mit Hilfsangeboten zu überschütten, die sie gar nicht wollen, die übermäßige Imagepflege, die ständige Suche nach dem Besonderen, die zu starke Zurück-Haltung anderen gegenüber, die Angst, die Maßlosigkeit, die Machtlust, die Scheu vor der Verantwortung oder 3. das *individuell* bedingte, das weder mit unserem Typus noch mit unserer Lebensgeschichte, sondern mit uns ganz persönlich zu tun hat, z. B. mit unserer halbherzigen Suche nach einem vollen Leben.

Das Problem, unter dem wir am meisten leiden, kann eine *Giftquelle* in unserem Leben sein, die unsere Wege zum Glück stört, wenn nicht zerstört. Wir sollten sie kennen.

Sich selbst kennenlernen – im Gespräch mit guten Freunden (gute Freunde sind solche, die uns sowohl Angenehmes als auch Unangenehmes sagen mögen), in der Stille, wenn die verborgene Seele zu sprechen beginnt, in der Meditation, im Gebet, in der Betrachtung der Träume, in Imaginationen und, wenn es denn sein muss, in der Psychotherapie. All das sind Möglichkeiten, herauszufinden, wer wir sind und welche Wege zu uns gehören.

Und doch: Um dem Glück durch Selbsterkenntnis näherzukommen, sollten wir uns auch dieses bewusst machen: So wichtig es ist, sich selbst zunehmend kennenzulernen, so fatal wäre es, aus dieser Beschäftigung eine permanente Anstrengung zu machen und zu glauben, wir könnten uns irgendwann ganz erkennen. Wir haben Grund-Gefühle in uns – ich denke z. B. an Angst, Minderwertigkeit, zerstörerische Aggressivität, Traurigkeit oder Schuld –, die zu uns gehören und in uns bleiben werden, solange wir leben, und die sich letztlich unserer „Bearbeitung" entziehen. Irgendwann gilt es, sich *anzunehmen*. Sich annehmen, das heißt: sich zu bejahen. Sich bejahen, das heißt: bereit zu sein, das, was wir in uns und an uns haben, zu erkennen und dazu zu stehen.

Und wenn wir Eigenschaften, Gedanken, Wünsche, Triebe in uns entdecken, die „es in sich haben"? Die sollten wir auch annehmen? Oder sollten wir sie ablehnen?

Was geschähe denn, wenn wir sie ablehnten oder so täten, als wären sie nicht da? Sie würden sich verselbstständigen und ungebändigt und ungezügelt ihr Unwesen treiben. „Vielleicht aber auch", hat Rilke einmal gesagt, „sind alle Drachen unseres Lebens Prinzessinnen, die nur darauf warten, uns einmal schön und mutig zu sehen. Vielleicht ist alles Schreckliche (auch das Schreckliche in uns selbst, Anm. v. Verf.) im Grunde das Hilflose, das von uns Hilfe will."

Den Lebensbejaher in sich suchen

Es ist gar nicht selbstverständlich, dass ein Mensch glücklich sein will. Er kann gegen sein Glück sein! Er kann die schönsten Angebote, die ihm in den wechselnden Situationen des Lebens gemacht werden, ablehnen, ja, er kann sich selbst ablehnen.
Der primäre Grund für diese überaus denkwürdige Tatsache liegt darin, dass unser Leben im Spannungsfeld der Polarität, zwischen *Lebensbejahung* und *Lebensverneinung*, stattfindet.
Lebensbejahung ist die wohlwollende Haltung sich selbst und allem Leben gegenüber und daher die wichtigste Voraussetzung für ein gelingendes Leben. *Lebensverneinung* dagegen ist die feindliche Haltung sich selbst *und* allem Leben gegenüber und daher die Grundlage für ein misslingendes Leben. Wer diese Tatsache verkennt und sich nicht bewusst mit ihr auseinandersetzt, läuft Gefahr, unglücklich zu werden. Wer dagegen das *Nein* in sich als seinen „Inneren Gegenspieler" begreift, wird umso eindeutiger das Ja, den Weg zur Selbstannahme, suchen und umso klarer seinen Blick auf dessen helle Ziele richten.
Dominiert der *Neinsager* in uns, dann dominiert er unseren Geist, dann wirkt er sich auf Leib, Seele und Geist aus, dann sabotiert er das mögliche Glück. Dann geschieht, was der große Wiener Psychotherapeut Viktor Frankl einmal gesagt hat: „Wer den Engel in sich verdrängt, macht ihn zum Dämon." Der „verdrängte Engel" aber lehnt sich gegen die Fähigkeit des Menschen auf, lebendig zu sein, das Leben lieben und bejahen zu können. Dominiert dagegen der *Jasager*, dann kann sich der Geist entfalten und sich auf solche Wege ausrichten, die ein gelingendes Leben ermöglichen.
Wir können das Leben nur bejahen, wenn es uns gibt, was unseren Vorstellungen entspricht. So denken viele. Das ist zwar verständlich, aber nicht lebensklug. Je älter ich werde, desto sicherer bin ich, dass es sich mit dem Glück genau anders herum verhält, und zwar so: Wenn

wir das Leben bejahen – unabhängig von dem, was es uns anbietet –, stellt es sich am ehesten ein. Warum? *Wegen der Bejahung!* Wenn ich mich dem, was mir in den wechselnden Situationen meiner Tage und Jahre angeboten wird, verschließe, verschließt sich mir der Blick für das, was darin wertvoll sein könnte. Öffne ich mich dagegen dem, was kommt, dann öffnet sich mir in aller Regel der Blick für das Wertvolle. (Warum wohl höre ich zunehmend Menschen sagen, sie hätten vieles, was sie zu einem „richtig guten" Leben brauchten, doch glücklich seien sie „eigentlich" nicht?)

Leben will angenommen, nicht abgestoßen sein. Welches Leben? Das ganze! Auch das schwere? Auch das. Solange wir leben, wird es kein Paradies auf Erden geben. Immer wieder wird uns ein Mensch über den Weg laufen, der uns verletzt. Immer wieder wird ein Brief eintreffen, der schwer verdaulich ist. Immer wieder wird die Angst Anlässe suchen, die uns aus dem Land der Lust zu vertreiben drohen. Nein, die Welt da draußen wird sich nicht verändern. Ändern jedoch können wir unsere *Einstellung* zu ihr.

Mit dem Leben ist das nicht anders. Wir haben die Freiheit, es abzulehnen. Wir haben die Freiheit, es anzunehmen. Vielleicht hat eine Frau ihrem Mann z. B. schon tausendmal gesagt, dass sie ihn liebt. Doch wenn er nicht *hinhört* auf ihre Worte, wenn er nicht *hinsieht*, dass sie sich für ihn schön gemacht hat, wenn er darauf ausgerichtet ist, was sie *nicht* ist, *nicht* tut, *nicht* kann, wenn er sie nur durch seine dunkel getönte Lebensbrille anschaut und nicht darauf sieht, dass sie ihm gut ist, dann geht das Glück täglich an ihm vorbei – und vielleicht für immer.

Es gibt deshalb nichts Wichtigeres, als das zu begreifen: dass von der Art unserer *Einstellung* auf die wechselnden Situationen unseres Daseins primär unser Lebensgefühl abhängt und es daher gilt, sich diese Tatsache *einzuverleiben* und daraus mit Leib, Seele und Geist Schlüsse zu ziehen.

„Menschsein ist entscheidendes Sein", hat der Psychiater und Philosoph Karl Jaspers gesagt. Dieser Satz ist

meines Erachtens *die* Möglichkeit, Freiheit zu erleben.
„Die Umstände", sagt der österreichische Dichter Hugo
von Hofmannsthal in seinem „Buch der Freunde",
„haben weniger Gewalt, uns glücklich oder unglücklich
zu machen, als man denkt; aber die Vorwegnahme
zukünftiger Umstände in der *Fantasie* eine ungeheure."
Das bedeutet: Nicht die Ereignisse und Begebenheiten,
nicht Krankheit oder Gesundheit, nicht Reichtum oder
Armut, nicht das, was wir haben und was uns begegnet,
bestimmt *von vornherein* unser Lebensgefühl, sondern
das, was wir darüber denken. Das bedeutet selbstverständlich nicht, dass das, was uns beschwert, von vornherein leicht zu nehmen wäre. Doch wenn wir das Uner-
freuliche oder Schwere als Herausforderung nehmen, als
Möglichkeit also, danach zu fragen, *wozu* es „gut" sein
und welcher Sinn darin verborgen sein könnte, werden
wir zu *Gestaltern* unseres Lebens. Diese Erfahrung aber
kann zur Quelle des Glücks werden. Und wenn wir das an
sich Erfreuliche und Leichte nicht als Selbstverständlich-
keit nehmen, sondern ihm bewusst Aufmerksamkeit
schenken und Begeisterung, verbinden wir uns mit dem
Glück.
   Noch einmal: Das Glück liegt nicht primär in den Dingen und Umständen. Es liegt darin, wie unser Herz die
Dinge und Umstände sieht, sich zu eigen macht, sie
handhabt.

Deshalb:
Worauf siehst du? Worauf hörst du?
Worauf richten sich deine Gedanken?
Was suchst du? Was lässt dich aufmerken?
Womit verbindet sich dein Geist: mit dem, was Leben
stört, gar zerstört oder mit dem, was Leben fördert?
Was suchst du primär: die Widerstände oder die Lö-
sungen, die Aggression oder die Liebe, das Absurde
oder den Sinn und das Glück, das in dir, was Leben
verneint – oder das, was Leben bejaht?

Wer sich *nicht* daran hält, wird immer mehr ungelebtes Leben ansammeln. *Ungelebtes Leben*: Seitdem ich dieses Wort zum ersten Mal bewusst aufgenommen habe, lässt es mich nicht mehr los. Es beunruhigt mich, es lässt mich hoffen. Es löst in mir Melancholie aus, es fordert meine gute Sehnsucht heraus. Vor allem aber fordert es mich heraus zum Leben. Ungelebtes Leben? Wer kann denn schon *alles* leben? Sind wir nicht alle unvollkommen? Waren und sind die Umstände nicht tatsächlich ungünstig? Diese und ähnliche Fragen sind, glaube ich, Stimmen jener Kräfte in uns, die dazu beigetragen haben, dass mehr ungelebtes Leben in uns ist, als uns guttut. Diese Stimmen gehören den Saboteuren in uns, die so wenig von der Gunst zu leben wissen. Sie berufen sich auf ihre Erfahrungen mit dem Leben, sie verweisen auf die konkrete und allgemeine Not in der Welt und haben scheinbar alle Argumente auf ihrer Seite. Und trotzdem sind gerade sie es, die die Ausbreitung von erfülltem Leben verhindern, vor allem des eigenen. Und sie unterschlagen, was Lebenserfahrene wissen: dass nichts sich wiederholen muss, jedenfalls dann nicht, wenn sich ein Mensch empört gegen das alte, vertrocknende Leben.

Vielleicht gibt es nur *ein* wirkliches Problem im Leben. Vielleicht gibt es nur *einen* wirklichen Grund, dass wir so wenig glücklich sind. Vielleicht gibt es nur *eine* wirkliche Quelle, aus der das Schwere fließt, das unser Dasein immer wieder neu eindunkelt. Vielleicht ist dieses eine tiefe Problem unser Mangel an Gefühl für die Kostbarkeit des Lebens. Vielleicht sähe alles wirklich anders aus, wenn wir sähen, fühlten, schmeckten, erkennten, verstünden, begriffen und uns tief davon berühren ließen, wie wertvoll Leben ist.

Wer fühlt, wie kostbar Leben ist, wird immer mehr „Ja" sagen, zum ganzen Leben, zu allem, was von ihm bei ihm ankommt. Er wird jedoch auch „Nein" sagen, ein leidenschaftliches „Nein" zu dem, was dieses Leben zu entwerten und niederzuziehen droht.

Die Bildersprache der Seele spricht oft von Lebensbejahung, weit häufiger, als wir denken. Dies ist eine Kraft des „unbewussten Geistes" (Frankl). „Unbewusster Geist" meint das jedem Menschen potentiell zugängliche Wissen von den großen und kleinen Zusammenhängen des eigenen und des großen Lebens. Darüber hinaus stellt er das stärkste Energiezentrum dar, zu dem wir Zugang haben können. Haben wir Zugang zu diesem Zentrum, dann haben wir Zugang zu uns selbst und damit die besten Voraussetzungen für ein starkes Leben. Der „unbewusste Geist" ist darüber hinaus die Quelle aller Wertgefühle, die ein sinnvolles Leben begründen.

Den Lebenskünstler in sich suchen

Die Bildersprache der Seele spricht auch oft vom Glück, öfter als wir denken. Es zeigt sich in jedem von uns in vielerlei Form und sogar in einer bestimmten Gestalt, jedenfalls dann, wenn wir sie suchen.

Ich habe diese Gestalt den *Lebenskünstler* genannt. Er ist ein Symbol für das Zusammenspiel von Lebensklugheit, Leichtigkeit und Humor, den Fähigkeiten also, das jeweils Beste aus einer Situation zu machen. Er ist weder an unser Naturell noch an unseren Typus und letztlich auch nicht an unsere Lebensgeschichte gebunden. Auch er hat seine Wurzeln im „unbewussten Geist".

Diesen Künstler kennenzulernen und mit ihm zu leben ist ein faszinierender Weg zum Glück – Leben kann so zum Kunstwerk werden. Er bestätigt in vielen Variationen, was C. G. Jung einmal sinngemäß so gesagt hat: Die innere Welt sei reich genug, dass jeder (!) ausreichend Gründe für ein beglückendes Leben finden könne.

Das „Innere Kind" in sich suchen

Die Kindheit, sagt Christiane Singer in ihrem leidenschaftlich geschriebenen Buch „Zeiten des Lebens", sei die Zeit der Entdeckung und Erforschung des Sichtbaren und Unsichtbaren, zugleich die Zeit der Verbundenheit mit der Welt, ihrer Erforschung und Erfahrung durch die Sinne und die Fantasie. Deshalb seien die biblischen Worte „Wenn ihr nicht werdet wie die Kinder, so werdet ihr nicht eingehen in das Himmelreich" alles andere als ein „liebergottsüßliches" Lob niedlicher Unschuld, sondern unmissverständlich und klar. Das bedeutet? Dass ein Mensch das, was er am Anfang des Lebens war, am Ende wieder werden könnte.

In Mythen, Märchen, Träumen und Imaginationen begegnet uns häufig das „Innere Kind", zum einen als Widerspiegelung dessen, was es an Verletzungen hat erdulden müssen, zum anderen als Personifizierung der ungebrochenen Lebenskräfte. Dieses Kind symbolisiert das Wichtigste, wonach wir uns sehnen: Lebensbejahung, Lebensfreude, Liebe zum Leben. Es ist die größte Quelle für Kreativität, für die Gestaltung des Lebens mit tausend Variationen. Daher bleibt es eine Herausforderung an uns Erwachsene bis zum Tod.

Um glücklich zu werden, ist es wichtig, dem „Inneren Kind" wieder näherzukommen. Sie könnten ihm begegnen, wenn Sie sich dann und wann darauf einließen, was Sie als Kind am liebsten getan haben oder getan hätten oder gerne wieder einmal tun würden:

- manchmal zu spielen
- manchmal „Unvernünftiges" zu tun
- sich manchmal gehen zu lassen
- manchmal nur in den Tag hinein zu träumen
- über vieles zu staunen
- oft zu sagen, was Sie denken
- sich nach einem Streit rasch wieder zu versöhnen
- mehr als bisher zu wünschen, wonach es Sie verlangt
- Freunde zu suchen
- sich selbst wie einen Freund zu behandeln
- weniger kontrolliert, mehr spontan, neugierig zu sein
- alle Sinne zu gebrauchen
- in menschlichen Dingen weniger auf den Verstand, mehr auf das Gefühl zu hören
- den Spuren der Freude zu folgen.

Den eigenen Weg gehen

Man sagt, vor allem die frühe Kindheit präge das spätere Leben. Das ist wohl so, denn Kinder können in der Tat auf ihr Geschick selbst wenig Einfluss nehmen. Sie wissen nicht, dass ihr Leben auch anders aussehen könnte. Und doch: Die ersten Jahre prägen den Menschen, aber sie bestimmen nicht sein Schicksal. Sie liefern ihm viel Stoff für sein späteres Leben, doch was er daraus macht, liegt im Wesentlichen an ihm.

Irgendwann einmal spürt jeder, der über den Verlauf seines bisherigen Lebens unglücklich ist, dass die Qualität der weiteren Jahre davon abhängt, ob er auch künftig unter dem Diktat seiner Prägungen verharren – oder sich für neue Erfahrungen öffnen – will. Die Frage ist nur, ob er sich dem, was er spürt, ganz zuwendet.

Wer Träume vieler Menschen kennt, wer immer wieder diese unbeirrbaren Lotsen zum gelingenden Leben an der Arbeit sieht, weiß, dass sich unter den frühen Prägungen weites, unverbrauchtes Land ausbreitet, das darauf wartet, endlich erlebt zu werden.

Wer sich selbst kennenlernt, wird nicht anders können: Er wird seinen *eigenen* Weg gehen. Und was erlebt er da auf diesem Weg?

Er fragt danach, was *seinem* Sein entspricht, was für ihn zu Sinn und Glück führt. Er geht nicht mehr den Weg der anderen, sondern seinen eigenen. Er verhält sich nicht konformistisch, hat aber die Kraft, sich anzupassen, wenn die Anpassung nicht sein Inneres verletzt. Er geht nicht nur auf bekannten Pfaden, sondern hat Lust daran, auch neue zu suchen, solche, die ihn zu neuen Sinn- und Glücksfeldern führen.

Wer seinen eigenen Weg geht, leidet weniger als andere unter einer der schlimmsten Geißeln der Menschheit, der Abhängigkeit vom Urteil der anderen. Er wird selbst-ständig, eigen-ständig, eigen-sinnig.

Er ist nicht mehr gespalten. Er wird zunehmend mit sich eins – und er selbst. Er wird erwachsen. Er will dort sein, wo er gerade ist.

Selbstverständlich eckt der, der seinen eigenen Weg geht, manchmal an. Nicht selten wird er so weit an den gesellschaftlichen Rand gedrängt, dass es ihm schwer fällt, seinen Weg fortzusetzen. Und doch: Weil das so ist, weil der Mensch nicht nur ein Gemeinschaftswesen ist, nicht nur einen Typus hat, sondern auch ein Original ist, verlangt sein Wesen danach, immer mehr das Ureigene aus sich herauszuleben.

Wie kann man das lernen?

- Das sagte ich schon: durch *Selbsterkenntnis*, denn wer sich selbst kennenlernt, weiß, dass er neben all seinen Schwächen hinreichend Kräfte hat, die ihm erlauben, Selbstvertrauen zu entwickeln und daher sich selber treu sein zu können.
- Durch *bewusstes Leben*. Durch die Bewusstwerdung dessen, was man in Wahrheit will und was nicht, was einem guttut und was nicht, worin man Verantwortung hat und worin nicht.
- Durch die *Begeisterung* für die Zumutung, dass Menschsein heißt, *sein Leben selbst führen zu dürfen, zu sollen, zu können*. Sein Leben selbst führen – ich liebe dieses Wort. Es fordert meinen Mut heraus. Es lockt in mir die besten Kräfte hervor. Es spannt meine Kräfte an. Es fragt mich täglich neu, worauf ich hauptsächlich achten, welche Werte ich in den Vordergrund stellen sollte und möchte. Es sagt mir, dass Leben Entwicklung ist und ich mein Leben weiterbilden kann.
- Wer seinen eigenen Weg gehen möchte, muss lernen, *selber* zu *denken*.

Menschen wohlwollen

Die Sonne kann uns beglücken, Berge, Wälder, Seen und Meere, Tiere und Pflanzen, Musik, Malerei, Kunst und vieles andere mehr kann uns beglücken, doch am meisten beglücken uns erfreuliche Beziehungen zu anderen Menschen. (Deshalb gibt es vermutlich keine größere Not als die Einsamkeit.)

Warum ist das so? Martin Buber, einer der großen Weisen des 20. Jahrhunderts, hat einmal gesagt: „Betrachtest du den Menschen an sich, dann siehst du vom Menschen gleichsam nur so viel, wie wir vom Mond sehen. Erst der Mensch *mit* dem Menschen ist ein rundes Bild." Das heißt, zum Menschsein des Einzelnen gehört unabdingbar der andere. Das macht sein Glück aus oder sein Elend, je nachdem, ob seine Beziehung zum anderen gelingt oder nicht.

Wie aber kommt man dazu, Menschen anzunehmen? Haben wir nicht Tag um Tag mit solchen zu tun, die uns ärgern, bedrücken, verraten, uns auf Distanz halten oder uns zu verstehen geben, dass wir für sie gleichgültig sind? Sind nicht auch und gerade die ständig stattfindenden Kriege Ausdruck für die Unmöglichkeit, dass Menschen mit Menschen menschlich leben können?

Mir geht es im Folgenden nicht um die illusionistische Annahme, es ließe sich schon jetzt aus dieser Erde das Paradies gestalten, sondern darum, dass wir viele Probleme, die wir mit anderen haben und sie mit uns, nicht als Schicksal zu beklagen, sondern als Mangel an Selbsterkenntnis, Selbstverantwortung und Menschenkenntnis zu betrauern haben.

Gibt es denn tatsächlich Wege, diesen notvollen Zustand zu reduzieren? Es gibt sie. Drei mir besonders wichtig erscheinende möchte ich beschreiben:

Ein Mensch, der mehr und mehr zu sich selbst kommt und seinen eigenen Weg geht, kreist nicht ständig um sein Ego, im Gegenteil. Weil er sich nicht ständig darum kümmern muss, ob er den Vorstellungen, die andere sich seiner Meinung nach von seinem Leben machen, gerecht wird, weil er sich nicht permanent mit anderen vergleichen muss und damit beschäftigt ist, über seine Mängel nachzudenken, spart er viel Energie. Er hat den Blick frei auch für andere. Und worauf sieht er?

Ein Kunstprofessor sagte zu seinen Studenten, als er in den künstlich beleuchteten Saal eintrat, in dessen Mitte ein Student als Modell saß: „Meine Damen und Herren, ziehen Sie doch bitte die Vorhänge beiseite. Denn wir müssen unser Modell immer im besten Licht sehen. Das ist ein Grundsatz der Zeichenkunst und ein Grundsatz im Leben überhaupt: Bevor wir eine Person beurteilen, müssen wir sie zuerst ins beste Licht rücken. Das verborgene Gute kann dann ans Licht kommen ... Und nun wollen wir beginnen."

Und worauf sieht der um sein Ego Kreisende? Beispielsweise darauf:

Ein Mann suchte sein Beil und vermutete, der Sohn seines Nachbarn habe es ihm gestohlen. Daraufhin beobachtete er den Gang des jungen Mannes – seine Schritte schienen ihm ganz die eines Beildiebes. Sein Gesicht war das eines Beildiebes. Seine Art zu sprechen war die eines Beildiebes. Nichts, nichts, was er tat, sah nicht nach einem Beildieb aus. Als der Mann aber später einmal einen Graben auswarf, fand er darin sein Beil. Am nächsten Tag sah er wieder den Sohn des Nachbarn und fand: Seine Bewegungen waren nicht die eines Beildiebes und auch sein Aussehen war nicht das eines Beildiebes. (aus China)

Wenn es eine Voraussetzung für gutes Zusammenleben gibt, die wichtiger ist als alle anderen, dann ist es diese: danach Ausschau zu halten, was ein Mensch an Liebenswertem, Gutem, Wesentlichem, was er an Begabungen in sich birgt, also über die „Fehlerfahndung" hinaus vor allem die „Schatzsuche" ernst zu nehmen. Warum? Weil sich ein Mensch nach nichts mehr sehnt als danach, gesehen zu werden. Worin? In dem, was er *eigentlich* ist, in dem, was ihm vor allem zu eigen ist und zu ihm gehört.

Deshalb ist ein guter Menschenhelfer ein *Perlenfischer*, oder, mit einem anderen Bild, jemand, der in einer Goldmine nicht primär auf das Geröll, sondern auf das *Gold* im Geröll der Mine sieht.

Wie gut wäre es, wenn es für jede Beziehung von Mensch zu Mensch gelten würde. Denn Menschen so zu begegnen, macht glücklich, nicht nur den anderen, auch uns selbst.

Menschsein ist entscheidendes Sein. Entscheide ich mich dafür, zunächst nicht nach dem Problematischen, sondern nach dem Erfreulichen an einem Menschen Ausschau zu halten, kommt wenig Aggression oder Angst in mir auf. Sondern? Wohlwollen, eine gute Neugier, eine gewisse Lust, das Gute in ihm zu entdecken. Und diese Haltung macht seherisch, macht *hell*-sichtig. Und der, der so angesehen wird, reagiert seinerseits weder aggressiv noch angstvoll. Beide begegnen einander von ihrer besten Seite und werden so von ihrem eigenen Besten berührt.

Wie kann es gelingen, diese guten Seiten zu erkennen? Beispielsweise

- durch *Entscheidung*. Durch die Entscheidung, sich dem anderen gegenüber so zu verhalten, wie wir es uns auch von anderen wünschen: offen.
- durch *Wahrnehmung*. Was kann ich denn wahrnehmen? Darf ich aus der Praxis erzählen? Ich achte z. B. gern auf das *Lächeln oder Lachen* meines Besuchers und sehe in solchen Situationen, wenn vielleicht auch nur für einen Augenblick, wie sich sein ursprüngliches Bild zu zeigen beginnt.
- Ich achte auch gern auf seine *Sprache*. Da sagt der andere ein Wort von besonderer Zartheit oder Kraft, guter Sehnsucht oder Schönheit, das aus Schichten *unterhalb* seiner leidvollen Situation aufgestiegen ist. Oder er erzählt mir von einer *Begebenheit*, die ihn traurig oder glücklich gemacht hat. Und diese Erzählung klingt so ganz anders als das, was mich kurz zuvor irritierte.
- Manchmal bitte ich meine Besucher, alle Eigenschaften und Verhaltensweisen zu nennen, die sie an sich selbst gut finden. Diese Zu-Mutung wird zunächst alles andere als freudig begrüßt. Wenn ich jedoch nicht gleich einlenke, beginnt der andere, zuerst zwar sehr bescheidene, dann aber immer bemerkenswertere Dinge zu nennen. Lässt er sich 10 bis 15 Minuten Zeit, findet er immer mehr Eigenschaften und Verhaltens-

weisen, die er selbst liebenswert findet. Dann beginnt er darüber zu staunen, was er an sich selbst bislang nicht wahrgenommen hat. Wiederholt er diese unübliche kleine Selbsterfahrungskur, lernt er, sich mehr als bisher selbst anzunehmen. Was er dann ausstrahlt und von sich zeigt, ist oft verblüffend.

• Die gleiche Erfahrung machen diejenigen, die sich Zeit nehmen, an den Menschen zu denken, der ihnen Mühe macht. Suchen sie ausschließlich danach, was sie an ihm liebenswert finden könnten, werden sie in aller Regel fündig. Der Grund? Das „Negative" drängt sich von selbst auf, das „Positive" müssen wir suchen.

Als der weise Esaias den weisen Poimen um ein gutes Wort bat, sprach dieser: „Wenn Kleider in einem Kasten liegen und niemand sich um sie kümmert, dann faulen sie dahin. Nicht anders ist es mit den Gedanken in unseren Herzen. Wenn wir sie nur pflegen und bewahren und sie nicht in die Tat umsetzen, dann faulen auch sie. Dann aber geht der ganze Mensch zugrunde." (Weisheit aus der Wüste)

Menschen sehen zu lernen, ist das eine, für sie konkret da zu sein, das andere und Naheliegende. Beides gehört zusammen. Ein Mensch, der sich selbst kennengelernt, der seinen eigenen Weg zu gehen begonnen hat und andere zu sehen vermag, hat Zeit, hat Kraft, hat den Wunsch, über sich selbst hinauszusehen und für andere da sein zu *wollen*. Das zeigen Tausende von Beispielen aus der realen Welt.

Damit wir uns ja recht verstehen: Ich spreche nicht von Selbstaufgabe, nicht von Verleugnung des eigenen Profils, nicht vom Verzicht darauf, den eigenen Weg zu gehen, auch nicht von Verleugnung der eigenen guten Wünsche. Ich meine die Intensivierung der Wahrnehmung anderer *über die eigenen Wünsche und Bedürfnisse hinaus*. Ich meine die *freie* Entscheidung, für Menschen da zu sein, wenn sie es wollen und wenn sie uns brauchen. Ich spreche von einem Verantwortungsgefühl, das nicht frei ist von Lust.

Diese wichtige Voraussetzung für ein glückliches Leben ist mir noch wichtiger geworden, seitdem ich den Satz Martin Bubers gelesen habe, der einmal in seiner dramatischen Sprache sagte: „Du, eingetan in die Schalen, in die dich Gesellschaft, Staat, Kirche, Schule, Wirtschaft, öffentliche Meinung und dein eigener Hochmut gesteckt haben, Mittelbarer unter Mittelbaren, durchbrich deine Schalen, werde unmittelbar, rühre, Mensch, die Menschen an." Und weiter, mit Blick auf die vielen Einsamen: „Einsamer, zwei Einsamkeiten sind in deinem Leben verflochten. Nur eine sollst du ausrotten: das Sich-Verschließen, das Sich-Zurückziehen, das Sich-Gegenüber-Stellen – die Einsamkeit der Gemeinschaftsunfähigen."

Warum kann das glücklich machen? Zum einen: Weil ein Mensch, ich sagte es schon, nicht nur ein Individuum ist, sondern auch ein Gemeinschaftswesen, und er nur dann seiner Bestimmung nach lebt, wenn er beide Formen lebt. Zum anderen: Weil der, der Gutes tut, auch Gutes in sich fühlt. Weil der, der andere und anderes liebt, auch Liebe in sich fühlt. Wer aber in sich Gutes fühlt und auch die Liebe, mag nirgendwo anders sein als da, wo er ist.

Sich für das Leben öffnen

„Willst du immer weiter schweifen? Sieh, das Gute liegt so nah. Lerne nur das Glück ergreifen. Denn das Glück ist immer da." Wie wahr dieser häufig zitierte Satz Goethes ist, erlebte ich häufiger.

Ich gehe von der Voraussetzung aus, dass kaum ein Tag vergeht, an dem wir nicht eine mehr oder weniger gute Erfahrung mit Menschen, mit Natur, Kunst, Arbeit etc. machen könnten, vorausgesetzt, dass wir uns dafür offen halten. Voraussetzung *dafür* ist jedoch, dass wir guten Erfahrungen jenen Stellenwert geben, der ihnen zusteht.

Sicher kennen Sie dies: Sie sitzen abends müde in Ihrem Sessel. Ihre Stimmung hat eine graue Tönung.

Dann holen Sie aus der Erinnerung hervor, was gut an diesem Tage war – schon erhellen sich Ihre Gedanken.

In einem langen Gespräch in Wien sagte mir Viktor Frankl einen Satz, den ich nach vielen Jahren noch immer in mir höre: „Man kann auch Sinn verweigern." Ich füge hinzu: Man kann jedweden Grund zur Freude verweigern. Man kann die Liebe verweigern. Man kann das Glück verweigern. Die Freiheit zur Verweigerung haben wir. Doch die Freiheit, uns auf das Wertvolle auszurichten, auch.

Sich Zeit nehmen für wirklich Wichtiges

Viele bedauern am Ende ihres Lebens, sich zu wenig Zeit für das genommen zu haben, was wirklich wichtig oder einfach nur schön gewesen wäre, zwar nicht für die Karriere zum Erfolg, wohl aber für die *Karriere zum Glück*. Woran ich denke? Daran, sich Zeit zu nehmen für das Beobachten des Fischreihers, der am Teich einen Fisch ausspäht; für den Duft des Flieders, der uns nur einmal im Jahr für kurze Zeit beglückt; für das Hören guter, alter Geschichten, die das Leben schrieb; für Gespräche darüber, was die Welt im Innersten zusammenhält, denn nichts entleert die Seele mehr als ein aus ihrer Mitte verdrängter Geist; für das Schweigen, denn die Stille ist der Ort, an dem die neuen Lieder vom Leben entstehen.

Sich Zeit nehmen für all das und vieles andere mehr, was vielleicht nicht vernünftig ist und trotzdem die Seele anfüllt mit guten Gedanken und leichten Gefühlen.

Denn:
Irgendwann schweigt für uns der Gesang der Vögel.
Irgendwann leuchten die Sterne ohne uns.
Irgendwann gibt es für uns keine Zeit mehr, in die Welt hineinzusehen, hineinzuhören, hineinzuriechen und sich an dieser großartigen Welt zu erfreuen.
Vita brevis. Das Leben ist kurz.

Es ist bekannt, dass in unserer Zeit „Erfolg" auf der Skala der Wertehierarchie ganz oben steht. Dagegen wäre nichts einzuwenden, wenn wir mit „Erfolg" nicht nur die berufliche Karriere und/oder den wirtschaftlichen Wohlstand meinten, sondern auch seine andere Seite, die für viele Zeitgenossen weltfremd zu sein scheint. Ralph Waldo Emerson, ein amerikanischer Philosoph und Dichter, hat sie so beschrieben:

Erfolg ist: Oft lachen und lieben.
Den Respekt intelligenter Menschen gewinnen und die Liebe von Kindern.
Von anerkannten Kritikern anerkannt werden.
Dankbar sein für die Schönheit.
Sich selbst verschenken.
Die Welt ein bisschen besser zurücklassen, sei es durch ein fröhliches Kind, ein kleines Stück Garten oder die grandiose Lösung einer großen Not.
Mit Begeisterung gespielt und gesungen haben.
Zu wissen: Es gab wenigstens einen einzigen Menschen auf dieser Welt, der leichter atmen konnte, nur weil du gelebt hast.
Das ist Erfolg.

Aber, höre ich Sie sagen, wir würden ja gern anders leben, wenn nicht die Zeit, in der wir leben, alle Kräfte zur Bewältigung des konkreten Alltags verlangte. Ich verstehe Ihren Einwand gut. Trotzdem – hören wir uns den aufrüttelnden Satz an: „Niemand hat je auf dem Sterbebett gesagt: Ich wünschte, ich hätte mehr Zeit im Büro gehabt." Und wenn das so wäre, wenn vom Sterbebett, also von dem „Ort" aus, von dem wir vielleicht eine gewisse Übersicht über unser Leben gewinnen, die Wertehierarchie tatsächlich eine andere Reihenfolge bekäme? Wenn dann an ihrer Spitze nicht „Erfolg", sondern „Erfüllung" stünde? „Erfüllung" des Lebens ist nicht an äußeren Erfolg gebunden. Erfolg aber führt nicht zwangsläufig zu einem erfüllten Leben.

Kann es sein, dass wir im Alltag zu wenig Abstand haben zu dem, wie unsere Tage *ab-laufen*, dass wir uns zu sehr daran gewöhnt haben, wie wir sie verbringen? Kann es sein, dass wir den Stress, unter dem wir stehen, gar nicht mehr als Leiden empfinden? Ob das so bleiben müsste? Ob es nicht möglich wäre, sich an jedem Morgen Zeit zu nehmen und sich zu fragen, wie wir selbst – und nicht nur andere – unseren Tag *gestalten* wollen?

Bestimmte Werte leben

Gibt es auch Träume, die *jeder* Mensch bestimmt leben sollte? Es gibt sie. Ich nenne sie Werte. Ich gehe davon aus, dass jeder Mensch im Tiefsten davon träumt, den einen oder anderen leben zu können und zu sollen. Warum sollen? Weil bestimmte Werte grundlegend sind für ein gelingendes Leben. Das jedenfalls sagt die Erfahrung mit Menschen. Einige dieser Werte sind:

Geduld, denn wer geduldig ist, lebt *in* der Zeit und hofft darauf, dass sich die kommende Zeit auch von ihrer guten Seite zeigen kann.

Liebe, denn wer liebt, bejaht das Leben. Wer Leben bejaht, nimmt es an. Wer es annimmt, wird in aller Regel nicht von ihm enttäuscht.

Wahrhaftigkeit, denn der, der weder sich noch anderen etwas vormacht, ist nicht gespalten, sondern mit sich eins.

Echtheit, denn wer echt lebt, also authentisch und daher seinem eigenen Wesen entsprechend, macht sich und anderen nichts vor.

Weisheit, denn wer versucht, weise zu werden, fragt nach den tieferen Zusammenhängen und Gesetzmäßigkeiten des Lebens und lässt sich daher nicht so rasch von den üblichen Schwierigkeiten und Konflikten irritieren.

Vertrauen, denn wer sich selbst und anderen vertraut, fixiert sich nicht auf das Bedrängende und Bedrückende, sondern lenkt seinen Blick primär auf die in ihm selbst und im Leben liegenden Möglichkeiten.

Heiterkeit, denn wer die erheiternden Seiten des Lebens zu sehen lernt, nimmt vieles nicht mehr gar zu ernst und erfreut sich darüber hinaus der Sympathie seiner Umwelt.

Weitherzigkeit, denn wer anderen gegenüber weitherzig ist, dem weitet sich das eigene Herz, der bringt Wärme in die Welt und erfährt, wie der Heitere, die Sympathie vieler anderer.

Verantwortlichkeit, denn wer bereit ist, Verantwortung zu tragen, antwortet auf die Fragen, die ihm das Leben stellt. Das hat zur Folge, dass er befreit ist vom lästigen Kreisen um das, was er nicht ist, nicht hat und nicht kann.

Humor, denn wer Humor hat, verfügt über die beglückende Fähigkeit, zwischen Wichtigem und nicht so Wichtigem unterscheiden zu können. Er ist frei.

Freiheit, denn wer im Rahmen seiner Möglichkeiten frei ist, lebt das Beste aus sich heraus. Er entscheidet selbst. Er bestimmt die Richtung, in die er leben möchte. Er bejaht das Leben. Er liebt es.

Einfach leben

„Der Mensch versteht alles, nur das völlig Einfache nicht", hat der österreichische Dichter Franz Grillparzer einmal gesagt. Auch von großen alten Künstlern und Weisen wissen wir – ihnen geht es allerdings um Wesentlicheres –, dass sie z. B. in der Musik, Malerei oder Dichtung immer einfachere Formen finden. Die Details treten zurück, der Blick wird frei für das Wichtige.

Einfach leben, das heißt, so wenig wie möglich gleichzeitig zu tun. Es fällt z. B. auf, dass das in dieser Zeit häufig genannte Aufmerksamkeitsdefizit-Syndrom (ADS) keineswegs nur bei Kindern diagnostiziert wird, sondern vermehrt auch bei Erwachsenen. Das bedeutet, dass Menschen zunehmend nicht bei dem bleiben, was sie gerade denken oder tun. Gerade aber das *Bleiben* bei den Dingen ist eine wichtige Voraussetzung dafür, mit sich eins und nirgendwo anders sein zu wollen.

Einfach leben, bei dem bleiben, was gerade „dran" ist. Einfach leben, nicht zu viel wollen, das Wesentliche und Wichtige denken, sagen und tun. Einfach leben und daher mehr Zeit haben für sich, für andere, fürs Leben.

Dankbar sein

Zu den in dieser Zeit scheinbar wenig attraktiven Werten gehört die Dankbarkeit. Kein Zweifel besteht daran, dass viele angesichts der sich ihnen ständig anbietenden und auf sie einströmenden materiellen Dinge und „geistigen" Angebote Mühe haben, über das, was sie erlebt haben, in aller Ruhe nachzudenken. Anders gesagt: Die viel zu wenig beachtete Not, die durch permanenten Stress entsteht, hindert viele daran, Rückschau zu halten und sich an den kleinen und großen Hoch-Zeiten des vergangenen Lebens zu erfreuen. Das führt dazu, dass sich ihr Wertehorizont verengt, sodass sie kaum noch Schönes, Positives und Wichtiges zu erkennen in der Lage sind.

Wir lesen von Dankbarkeit in Märchen. Sie sagen, dass der Undankbare *am Glück vorbei*, der Dankbare dagegen *mitten ins Glück hinein* geht.

Was ist Dankbarkeit? Sie ist die *Folge* des Nachdenkens über gehaltvolles, sinnerfülltes Leben, das ein Mensch in wechselnden Situationen erleben durfte. Dankbarkeit ist darüber hinaus die gefühlte Erkenntnis, dass nicht alles, was wir an Erfreulichem erleben, von uns abhängt, dass nicht nur wir selbst auf unser Leben Einfluss nehmen, sondern es auch auf uns Einfluss nimmt. Ein dankbarer Mensch sagt Ja zum Leben. Er ist erfüllt von den *Gründen* seiner Dankbarkeit. Er gewinnt eine positive Suchhaltung gegenüber dem, was auf ihn zukommt. Er gewinnt darüber hinaus Kraft, auch die „undankbaren" Dinge gelassener hinzunehmen. Er kann sie als integralen Bestandteil des Lebens zu sehen lernen. Dankbarkeit ist deshalb höchste Lebenskunst.

Ein Fazit

Das wäre volles Leben: Alles, was ist, was war und was kommt, anzunehmen, in allem nicht nur irgendein, sondern *mein* Leben zu sehen, in allem, was mir begegnet, Möglichkeiten zu suchen, die mich berühren und lebendiger machen könnten, in allem Sinn zu ahnen. Das wäre volles Leben: nicht ständig woanders als hier und jetzt nach Glück zu fahnden, in dieser Stunde sich des Sinns und des Glücks bewusst zu sein, vor nichts mehr auszuweichen. Was wäre denn die Alternative? Auszugrenzen, abzusondern, auszuscheiden, wegzuwerfen, was nicht zu unseren Vorstellungen zu passen scheint und was wir vielleicht dringend brauchten, um eine bunte und kraftvolle Persönlichkeit werden zu können. Deshalb lese ich mit tiefer Genugtuung die Sätze in Christiane Singers bereits zitiertem Buch über die „Zeiten des Lebens": „Vor nichts mehr packt mich der Widerwille. Das Tragische, das Scheitern, die Melancholie, der Tod sind die siamesischen Zwillinge des Glücks, der Gesundheit, des Jubels und des Lebens. Sich nur eines davon auszusuchen, ist nicht möglich. Man muss *alles* nehmen."

Die Sehnsucht nach vollem Leben kennen viele, doch nur wenige sind bereit, ihr Sehnen ernst zu nehmen.
Den Traum vom glücklichen Leben träumen viele, doch nur wenige wagen es, ihn zu leben.
Den Wunsch, ihr Leben zu verändern, haben viele, doch nur wenige sind bereit, sich dafür einzusetzen.
Unwillig über ihr Leben sind viele, doch nur wenige gestehen sich ein, wie arm sie in Wirklichkeit sind.
Den Mut, andere für das eigene misslungene Leben verantwortlich zu machen, haben viele, doch nur wenige sind bereit, sich an die eigene Brust zu klopfen.
Die Erkenntnis, dass das Leben anders verlaufen könnte, haben viele, doch nur wenige wollen das andere Leben wirklich.
Den Versuch, über Erkenntnis zu einem anderen Leben zu kommen, machen viele, doch nur wenige verändern sich durch die notwendige Tat.

Kann es zu spät sein für die Veränderung eines Lebens? Ja, dann wenn sich ein Mensch diese Frage nicht mehr stellen kann. Erst dann.

Die Kraft deiner Gedanken

Hugo von Hofmannsthal hat einmal gesagt: „Wir sehen von unseren eigenen Gedanken nur das nächste Stück, wie die Kurzsichtigen von dem Feldweg vor ihren Augen, nicht aber, wohin er sich am jenseitigen Abhang des Tales fortsetzt." Wir „sehen" letztlich nur wenig von dem, was die Gedanken in uns und anderen bewegen.

Wir wissen letztlich auch nur wenig von dem inneren Land, in dem sie geboren werden und ebensowenig davon, auf welche Weise sie zu unserem Bewusstsein gelangen. Doch was wir wissen, kann eine Hilfe für ein gelingendes Leben sein, für den jedenfalls, der sich mit diesem Wissen vertraut macht und daraus persönliche Schlussfolgerungen zieht.

Solange wir wach sind, denken wir, auch wenn wir uns dessen nicht bewusst sind. Und solange wir denken, nehmen wir aufs Leben Einfluss, auf unser eigenes – auf Geist, Seele und Körper – und auf den Lebenskreis, in dem wir zu Hause sind.

Die Gedanken sind eine Großmacht. Sie nehmen Einfluss auf unsere Gefühle, sie nehmen Einfluss auf unsere Entscheidungen und Handlungen. Sie bestimmen unsere Sprache. Sie schaffen die Voraussetzungen für die Art, wie wir mit Menschen umgehen.

Es waren Gedanken, die am Anfang der Entwicklung von Konzentrationslagern standen, und es waren Gedanken, die Menschen veranlassten, unter Einsatz ihres Lebens andere vor diesen Lagern zu beschützen.

Es hat mich schon immer gereizt, nach konkreten Hilfen zu suchen, die uns befähigen, so gut wie möglich mit unseren Gedanken umgehen zu können. Das Ergebnis der Suche liegt nun vor Ihnen.

Ich habe mich auf die Themenbereiche beschränkt, von denen ich aus meiner Arbeit mit Menschen weiß, welche dominante Rolle die Gedanken darin spielen. Der leicht geschriebene Text verführt vielleicht dazu, die Seiten rasch zu überlesen. Ich selbst verstehe ihn jedoch als Herausforderung zur persönlichen Arbeit – nicht nur zu der, die den Kopf betrifft, sondern auch und vor allem zu der, an der das Herz beteiligt ist.

Was sind Gedanken, was ist Denken?

In diesem Buch kann ich auf diese große Frage nur eine bescheidene (vielleicht aber wesentliche) Antwort geben. Denn zu vielfältig sind die Meinungen der Philosophen und Psychologen zu diesem Thema, als dass sie sich kurz zusammenfassen ließen. Und da es in dieser Schrift um Lebensfragen geht, darf ich mich mit der folgenden Antwort begnügen: *Denken* ist Ausdruck der Spontaneität und Produktivität des menschlichen Geistes. *Gedanken* sind die einzelnen Elemente des Denkens, die sich im Zwiegespräch des Geistes mit sich selbst entwickeln. Da aber der Geist die Mitte der Seele ist, können wir auch sagen, dass Gedanken die einzelnen Elemente des Zwiegesprächs des inneren Menschen mit sich selber sind. Die mit dem Denken verbundene primäre *Möglichkeit* besteht im Klären und Ordnen des Lebens. Und immer, wenn ein Mensch die Wirklichkeit durchdenkt, schafft er sich eine wesentliche Voraussetzung dafür, Sinn im Leben finden zu können.

Die mit dem Denken verbundene primäre *Gefährdung* liegt darin, dass er Gedanken verfolgt, die ihn dorthin führen, wohin er nicht will. Diese Gefährdung ist immer dann gegeben, wenn jemand nicht weiß, was gelingendes Leben ist, wer er selbst ist und wozu er überhaupt lebt.

Unser Denken ist zutiefst mit unserem ganzen Menschen verbunden. Es stellt keine eigenständige Instanz dar. Deshalb gilt: Sag mir, wer du bist, und ich will dir sagen, wie du denkst. Gewiss, ein Verbrecher kann eine mathematische Aufgabe ebenso eindeutig lösen wie ein Heiliger (sofern es einen gibt), eine frisch verliebte junge Frau kann ebenso wie ihr frisch frustrierter Kollege eine bestimmte Aufgabe im Geschäft sachlich lösen. Doch dann, wenn es um *spezifisch Menschliches* geht, gilt, dass unsere Gedanken Ausdruck des ganzen Menschen sind. Warum ist das so? Weil jeder Mensch eine Einheit und Ganzheit und also ein Netzwerk ist.

Deshalb gilt aber auch das andere: Sag mir, was du denkst, und ich will dir sagen, wer du bist. Es ist also nicht nur so, dass unser innerer Mensch Ein-Fluss auf die Gedanken nimmt – auch die Gedanken beeinflussen den inneren Menschen. (Auf diese Tatsache hat in neuerer Zeit vor allem Albert Ellis, der Begründer der erfolgreich arbeitenden rational-emotiven Psychotherapie, hingewiesen und viele konkrete Belege dafür erbracht.) Der Geist denkt immer etwas, und was er denkt, ist mitbestimmend für unser ganzes Leben. Er ist jedoch davon abhängig, was ihm gedanklich *vorgegeben* wird. Bezieht er sich auf *lebensfördernde* Gedanken, fördert er den ganzen Menschen. Bezieht er sich auf *zerstörerische* Gedanken, stört oder zerstört er ihn. Und wird ihm gar nichts vorgegeben und ist er ohne Ziel, dann strömen alle möglichen Gedanken in ihn ein, dann wird er von ihnen besetzt, dann ist er zerstreut und zerrissen und nicht mehr bei sich selbst, dann weiß der Mensch nicht mehr, wer er ist und was er will. Mit anderen Worten: Die Qualität unseres Lebens ist abhängig von der Qualität unseres Geistes, d. h. davon, auf welche Gedanken er ausgerichtet ist.

Genug der Theorie – ich werde nun eine Reihe bekannter Problemfelder ansprechen, die die Lebensqualität erheblich beeinträchtigen können. Beginnen wir mit einem allgemeinen Problemfeld, den Leit-Gedanken, die zu Leid-Gedanken werden können.

Umgang mit Leit- und Leid-Gedanken

1. Leid-Gedanken

Es gibt Leit-Gedanken, die zu Leid-Gedanken werden können. Sie sind das, was Ellis „das System der Denkgewohnheiten" genannt hat. Vielleicht leiten sie uns schon seit unserer Jugend, vielleicht auch erst seit kurzer Zeit. Es kann sein, dass andere Menschen sie uns eingepflanzt haben, es kann auch sein, dass sie Gewächse unserer eigenen Lebensphilosophie sind.

Es ist wichtig, diese Gedanken zu kennen, weil gerade sie, die zu Leid-Gedanken gewordenen Leit-Gedanken, uns dorthin führen, wohin wir nicht wollen. Da sie jedoch sehr widerspenstig sind, wenn sie sich einmal in die Seele eingewebt haben, ist es auch wichtig, sich ihrer bewusst zu werden, sie zu notieren und sie sich so lange vor Augen zu führen, bis sie rasch erkennbar sind, wenn sie ihre düstere Arbeit aufnehmen. Einige Klassiker dieser Art von Gedanken sind im Folgenden aufgelistet.

Beispiele für *allgemeine* Leid-Gedanken:

Nur wer Erfolg hat, ist was wert.
Nur wer Geld hat, kann richtig leben.
Das Leben ist viel zu kurz.
Das Leben lohnt sich nicht.
Menschen kann man nicht trauen.
Männer wollen nur das Eine.
Auf Frauen ist auch kein Verlass.
Politik ist ein schmutziges Geschäft.
Der Staat nutzt uns nur aus.
Alter ist Abstieg.

Beispiele für *persönliche* Leid-Gedanken:

Wenn ich ein anderes Elternhaus gehabt hätte ...
Wenn ich die Schule nicht geschmissen hätte ...
Wenn ich einen anderen Mann geheiratet hätte ...
Ich bin nichts wert.
Ich kann ja doch nichts.
Ich bin ein Versager.
Das gelingt mir bestimmt nicht.
Das brauche ich unbedingt.
Das werde ich nie verwinden.
Ohne sie/ihn kann ich nicht leben.
Morgen komm' ich ganz groß raus.

Sie kennen Ihre Leid-Gedanken? Je rascher Sie diese inneren Widersacher erkennen, desto eher können Sie sich gegen sie empören. Je mehr Sie sich gegen sie empören, desto deutlicher wird Ihnen, was Sie „im Grunde" denken und was Sie „eigentlich" wollen. Je mehr Sie sich gegen sie auflehnen, desto leichter werden Sie die *Zugänge* zu den Kräften finden, die die Leid-Gedanken Ihnen bisher versperrten.

2. *Leit-Gedanken*

So zerstörerisch die Kraft der negativen Gedanken ist, so aufbauend sind deren gegenpolige, jedenfalls dann, wenn Sie sich in sie ebenso intensiv ein-denken wie in die grauen Lebensgegner. Denn alle Ideen haben die Tendenz, sich zu verwirklichen – die negativen ebenso wie die positiven. Zu den Klassikern der hilfreichen Sätze gehören die folgenden.

Beispiele für *allgemeine* Leit-Gedanken:

Leben ist spannend.
Man kann aus vielem Gutes gestalten.
Jeder Tag ist eine neue Lebenszeit.
Jede Lebenszeit hat ihre Gefährdungen, aber auch ihre Chancen.
Diese Zeit schenkt uns vieles, was es in anderen Zeiten nie gab.
Menschen sind interessant.
Es gibt Menschen, denen man vertrauen kann.
In jedem Menschen lebt eine große Sehnsucht.

Beispiele für *persönliche* Leit-Gedanken:

Das Leben meint mich.
Ich kann das.
Mein Leben gehört mir.
Warum sollte ich „das" nicht können?
„Das" wird schon gutgehen.
Dieses Mal werde ich es schaffen.
Ich werde schon nicht untergehen.
Niemand kann mich letztlich beurteilen.

Notieren Sie auch diese Sätze, und machen Sie sie sich dadurch zu eigen, dass Sie sich den für Sie wichtigsten Satz *täglich mehrere Male* und über einen längeren Zeitraum nahekommen lassen. Das gelingt am ehesten dadurch, dass Sie sich entspannen und den Satz mehrere Male wiederholen.

Ich kann mir nicht versagen, in diesem Zusammenhang die von Anselm Grün gesammelte lange Liste negativer und positiver „Einreden" junger Menschen wiederzugeben, weil sie eindrucksvoll einzelne Aspekte lebensfördernder und lebensstörender Leit-Gedanken zeigen. Ich gebe sie auch wieder, weil sie eine Hilfe sein können, den negativen Leit-Gedanken auf die Spur und den positiven näherzukommen (in: Einreden, Münsterschwarzacher Kleinschriften 19, S. 8 f.).

Die *negativen* „Einreden"

„Schon wieder aufstehen. Ich habe keine Lust. Ich bin so müde. Blödes Wetter heute. Jetzt geht der Stress schon wieder los. Viel zu wenig geschlafen. Blöde Arbeit. Wenn die Arbeit doch schon 'rum wäre. Keiner mag mich. Warum muss ich immer allein sein? Warum muss ich mit allem allein fertigwerden? Warum hab ich so wenige Freunde? Warum macht man es mir so schwer? Warum immer ich und nicht die anderen? Warum schenkt man mir nichts, rein gar nichts? Ich habe Angst. Ich kann das nicht. Ich kann nicht mehr. Ich bin unsicher und ungeschickt. Ich bin so stumpf und leer. Es hat doch keinen Sinn. Schaff' ich doch nicht. Das lerne ich nie. So was Blödes. Warum bloß jetzt? Warum ausgerechnet du? Ach, hättest du das lieber gelassen. Keine Zeit für mich. Alles regt mich auf. Du kannst dich einfach nicht beherrschen. Wieder mal nicht geschafft. Die anderen sind viel besser als ich. Das kann auch nur mir passieren. Ich Rindvieh. Null Bock. Muss das sein? Lasst mir doch meine Ruh'. Ich bin zu gestresst. Ich will jetzt nichts mehr hören. War das ein blöder Tag. Wenn doch nur schon alles vorbei wäre. Ich glaub, ich spinn'. Du bist dumm. Was soll das alles? Alles Schwindel. Am liebsten wäre ich tot."

Die *positiven* „Einreden"
„Es wird sich schon alles finden. Davon geht die Welt nicht unter. Alles geht einmal vorbei. Morgen sieht die Welt schon wieder anders aus. Alles hat seinen Sinn. Schön auf mich zukommen lassen. Let it be. Take it easy. Packen wir's an. Es wird schon klappen. Wird schon wieder werden. Sieh es nicht so eng. Es kann nicht immer schönes Wetter sein. Halb so wild. So wie es kommt, ist es gut. Immer mit der Ruhe. Macht nichts. Das nächste Mal geht's besser. Ran an den Feind. Du kannst das."

Umgang mit ärgerlichen Gedanken

Oft ist nicht der Auslöser von Ärger das Hauptproblem, sondern die Art und Weise, wie wir mit ihm *umgehen*. Ärger ist ein zuständliches Gefühl, und das bedeutet, dass der sich Ärgernde in seinem Zustand verharrt und nicht nach Lösungen seines Problems Ausschau hält. Er denkt in immer gleichen Bahnen.

Wer das begreift und sich vom Ärger distanzieren will, wird sich deshalb klugerweise überlegen, was er konkret tun kann, um mit den Schwierigkeiten, die ihn ausgelöst haben, fertigzuwerden. Schon die *Suche nach Lösungen* reduziert bereits einen Teil der misslichen Gedanken.

Wer übermäßig lange mit ärgerlichen Gedanken zu tun hat, ärgert sich häufig nicht nur über den *Anlass* seines gegenwärtigen Missgefühls. Oft mischt sich in seinen jetzigen auch *längst vergangener Ärger* ein und potenziert ihn auf diese Weise beträchtlich.

Hilfreich ist deshalb die Frage: *Ist das, worüber ich mich ärgere, nur in dieser Situation begründet?* Es ist verblüffend zu erleben, dass sich allein durch die Entmischung der alten und der neuen Situation das Gefühl verändert.

Manche Verärgerung wirkt oft genug nur deshalb so tief und so lange, weil ich irrtümlicherweise von der Voraussetzung ausgehe, dass der, der den Ärger ausgelöst hat, mich *vorsätzlich* ärgern will und mich persönlich ablehnt. Hilfreich sind deshalb die Fragen: Will der andere mich vorsätzlich ärgern? Bin ich ihm etwa unsympathisch?

Wenn ich mich in die Menschen hineinversetze, die Grund für meinen Ärger zu sein scheinen, werde ich oft zu der erstaunlichen Erfahrung gelangen, dass deren „Ungerechtigkeiten" *aus ihrer Sicht* Gerechtigkeiten sind, für die sie deshalb ebenso einstehen wie ich für meine eigenen.

Hilfreich ist deshalb die Frage: Ist das, was der andere mir entgegenhält, *aus seiner Sicht* vielleicht verständlich?

Zweifellos löst mein ungerechtfertigter Ärger bei den anderen Widerstand aus, eben weil sie die jeweilige Situation anders als ich beurteilen. Sie werden daher unfreundlich, wenn nicht aggressiv reagieren. Diese Reaktion aber löst in mir erneut Ärger aus, wenn nicht sogar Verbitterung. Ein unseliger Kommunikationszirkel ist entstanden.

Hilfreich ist dann die Frage: Kann es sein, dass ich durch meinen, aus der Sicht des anderen vielleicht gar nicht begründeten Ärger das ernsthafte Problem zwischen ihm und mir erst heraufbeschworen habe?

Häufig ist Ärger nichts anderes als eine unangemessene Reaktion auf eine zutreffende Kritik, die ich – aus Sorge um mein anfälliges Selbstwertgefühl – nicht zulassen möchte.

Wenn das so ist, hilft die Frage weiter: Kann es sein, dass die Kritik des anderen sachlich richtig ist und mir sogar zum Vorteil werden könnte?

Viele ärgerliche Gedanken sind die Folge meiner eigenen unrealistischen Erwartungen. Deshalb würde ich mir und anderen viel Ärger ersparen, wenn ich meine Erwartungen an Menschen und ans Leben überhaupt hin und wieder einer realistischen Überprüfung unterzöge

und sie gegebenenfalls veränderte. Zu den Klassikern
menschlicher, allzu menschlicher Erwartungen gehören
Sätze wie diese:

- Ganz bestimmte Dinge stehen mir einfach zu (z. B. ein
  liebender Partner, Gesundheit, Freude).
- Weil ich eine gute Partnerin, weil ich ein guter Partner
  bin, muss mich meine Partnerin/mein Partner selbstverständlich auch lieben.
- Wenn ich mich um etwas redlich bemühe, müsste ich
  es auch bekommen.
- Menschen müssen mich freundlich behandeln, denn
  ich selbst bin ein freundlicher Mensch.
- Die anderen müssten meine Fähigkeiten erkennen.
- Ich muss in der Lage sein, meine Probleme selbst zu
  lösen.
- Andere Menschen sollten so denken und fühlen wie
  ich selbst.

Umgang mit bedrängenden Gedanken

Kennen Sie das? Da sind Gedanken, von denen Sie sich
nicht befreien können. Sie fließen einfach nicht weiter.
Sie halten Sie besetzt. Sie kommen nicht von ihnen los.
Sie *müssen* sie denken. Sie können sie nicht übersprin-
gen. Sie können sie nicht unterdrücken. Sie können sie
sich nicht verbieten. Sie haften an Ihnen. Die Gedanken
lassen sich einfach nicht abweisen. Und je mehr Sie ihnen zu widerstehen versuchen, desto mehr drängen sie
sich Ihnen auf.

Ihre Konzentration schwindet. Das, womit Sie sich beschäftigen *wollen*, bleibt Ihnen fremd. Sie kreisen nur um
das eine: um ein scheinbares oder tatsächliches Versagen, um eine alte Schuld, um den Gedanken, dass Sie
nichts wert sind, dass der andere nichts wert ist, dass Sie
„alles" nicht schaffen. Sie werden selbst wissen, was das
sein kann, worüber wir hier sprechen.

Wer zu solchen Gedanken neigt, muss wissen, dass in
jedem von uns zwei Seelen wohnen, die – mehr oder we-

niger – unser Lebensgefühl und unsere konkreten Emp-
findungen und Gefühle bestimmen: die eine, die unser
Bestes will, und die andere, die gerade das zu *verhindern*
sucht. Schon die Märchen, die kostbare Spiegelungen
der menschlichen Seele sind, haben höchst anschaulich
von dieser menschlichen Grundbeschaffenheit erzählt.
Denken Sie z. B. nur an die Hexen, Sirenen, Gnome oder
garstigen Tiere, die die Wanderer von ihren Wegen zu
den Schlössern des Glücks abzubringen versuchen. Und
erinnern Sie sich der guten Feen, der alten weisen Frau
oder der mitleidsvollen Vögel, die im rechten Augenblick zur Stelle sind und den Weg zu finden helfen.
    Menschen haben diesen beiden Seelen verschiedene
Namen gegeben, in der Sache selbst aber waren sich die
Menschenkenner immer einig – und auch darin, dass die
dunkle Seele auf sehr unterschiedliche Weise den durchs
Leben wandernden Menschen zu stören und zerstören
versucht.
    Eine ihrer besonderen „Gestalten" ist der „innere An-
kläger", wie ich ihn in unserem Zusammenhang nennen
möchte. Dieser Ankläger ist überkritisch, klagt nicht nur
an, sondern stellt auch ständig das in Frage, was ein
Mensch ist, denkt, fühlt oder tut. Besonders dann jedoch,
wenn sich der von ihm beherrschte Mensch der Freiheit
oder der Lust am Leben nähert, oder dann, wenn er ver-
sagt, scheitert oder schuldig wird bzw. zu werden scheint,
erhebt der Ankläger seine Stimme: hart und streng,
manchmal auch weinerlich-vorwurfsvoll.
    Er sucht im Menschen nicht das Helle, nur das Dunk-
le. Er deckt das Schwache auf, nicht das Starke. Von Güte
weiß er nichts, auch nichts von Großzügigkeit. Trotz seiner scheinbar tiefen Moralität geht es ihm gar nicht um
Recht, um Wahrheit oder gar Liebe, es geht ihm um
Unterdrückung, um innere Aushöhlung, um Zerstörung
von Glück. Die Stimme des inneren Anklägers ist der ver-
dichtete Chor jener Stimmen, die sich im Laufe der
Jugend und auch der späteren Jahre in der Seele einge-
nistet haben. Das sind Stimmen von Menschen, die von
Freiheit und Liebe und vom Leben wenig wussten. Wie

kann man lernen, mit diesem in der Tat nicht leichten
Widersacher umzugehen?

„Ein Bruder", so erzählt Anselm Grün in seinem bereits zitierten Büchlein, „kam zum Altvater Poimen und
sagte: ‚Vater, ich habe vielerlei Gedanken und komme
durch sie in Gefahr.' Der Altvater führte ihn ins Freie und
sagte zu ihm: ‚Breite dein Obergewand aus und halte die
Winde auf!' Er antwortete: ‚Das kann ich nicht!' Da sagte der Greis zu ihm: ‚Wenn du das nicht kannst, dann
kannst du auch deine Gedanken nicht hindern, zu dir zu
kommen. Aber es ist eine Aufgabe, Ihnen zu widerstehen.'"

Doch wie kann das gelingen?
Wir werden bereits ein wenig freier von unserem Ankläger, wenn wir ihn *näher kennenlernen*. Und wir lernen
ihn kennen, indem wir die lästigen Gedanken gründlich
studieren und uns vergegenwärtigen, wenn sie wieder in
Erscheinung treten. Denn jede Bewusstmachung dieser
Gedanken schafft eine gewisse Distanz zu ihnen.

Gedanken solcher Art leben davon, dass wir ihnen *zu viel
Beachtung* schenken und uns über sie ärgern. Wir ärgern
uns über sie, weil wir ihnen ausgeliefert zu sein scheinen.
Wir sind es jedoch nicht, wenn wir sie wie einen inneren
Film anschauen, mit dessen Inhalt wir persönlich nichts
zu tun haben – wenn wir sie wie ein interessantes Objekt
anschauen und uns z. B. fragen: Was wird mir wohl gleich
zu diesem Thema einfallen? Denn, ich darf es noch einmal wiederholen, alle Gedanken leben von der Beachtung, die wir ihnen zukommen lassen. Das gilt für die, die
uns aufbauen, das gilt für jene, die uns lästig sind.

Es kann eine Hilfe sein, mit ihnen *ins Gespräch zu kommen*,
sie also nicht zu unterdrücken, sondern sie zuzulassen.
Zulassen, das heißt in diesem Zusammenhang: Nicht mit
ihnen darüber zu diskutieren, ob sie zu Recht oder zu
Unrecht da sind, sondern sie als eine Gegebenheit anzunehmen. Dann können wir sie fragen, was sie uns sagen

wollen und daraus vielleicht persönliche Schlussfolgerungen ziehen. Möglich ist auch, ihnen *zuzustimmen* und zu sagen: Ja, das trifft zu, das ist wohl so. Denn wenn wir uns den lästigen Gedanken nicht verschließen, dann vermindern wir die Spannung zwischen ihnen und uns. Dann verlieren sie ihre besitzergreifende Macht. Dann ziehen sie sich zurück. Dann weicht von uns der Druck. Dann werden wir wieder freier für das, worum es uns eigentlich geht. Wenn allerdings aus lästigen Gedanken neurotisch zwanghafte geworden sind – das ist dann der Fall, wenn jemand den überwiegenden Teil des Tages übermäßig mit ihnen beschäftigt ist –, sollte man unbedingt fachliche Hilfe suchen.

Umgang mit angstvollen Gedanken

Ein Freund „quälte" mich längere Zeit mit höchst attraktiven Angeboten: Er lud mich ein, mit ihm nach Stockholm, nach Wien oder nach Rom zu fliegen. Zwar wusste ich, dass er ein hervorragender Pilot war, meine Angst vor dem Fliegen war jedoch so groß, dass ich seinen Verlockungen immer wieder widerstand. Statt meiner flog – bei Kurzflügen – Andreas mit, mein damals noch kleiner, flugsüchtiger Sohn. An einem herrlichen Sommermorgen fuhren wir wieder einmal zum Flughafen. Auf der Fahrt erfasste mich einerseits der Wunsch, dieses Mal mitzufliegen, andererseits überschütteten mich geradezu angstvolle Gedanken. Ich dachte an „unser" winziges Flugzeug, das sich in den blauen Tiefen des Himmels verlieren könnte. Ich dachte an brennende Tragflächen. Ich dachte daran, dass der Freund einen Herzinfarkt erleiden könnte ... Längst war die kleine Cessna in meiner gedanklichen Fantasie zu einem Todesvogel geworden. Redlich hatte ich mich um vernünftige Gedanken bemüht, doch hatten sie sich nur kurz im reißenden Fluss meiner turbulenten Fantasie halten können.

Dann kam die Wende: Liebevoll, fast ohne Spott, erklärte mir der Freund, dass das Flugzeug aufgrund bestimmter aerodynamischer Gesetze gar nicht abstürzen könne, und außerdem seien die Wetterbedingungen an diesem Tag so günstig wie selten. Ich begann, mich in seine Argumente einzuhören. Entscheidend jedoch war der werbende Blick meines Jungen und sein Satz, wie sehr er sich freute, wenn ich mitflöge. Und da *begriff* ich etwas, was ich lange vorher nur gewusst hatte: Es gab und gibt *Wichtigeres* als die Angst. Sogleich, nachdem ich ins Flugzeug eingestiegen war, lenkte ich meine Aufmerksamkeit bewusst von mir weg und hin auf all das, was wichtig, interessant und neu für mich war: Ich sah auf meinen vor mir sitzenden Jungen, der sich nicht nur über meine Anwesenheit freute, sondern auch und vor allem darüber, dass sein angstgepeinigter Vater nicht wimmerte. Ich verfolgte die Gespräche des Piloten mit dem Tower. Ich studierte die Einzelteile des hochinteressanten Cockpits. Ich betrachtete die mir aus der Luft nicht vertraute und wunderschöne Landschaft unter mir. Alles, was ich tat, tat ich so aufmerksam wie möglich. So lernte ich, so weit wie möglich über meine Angst *hinwegzusehen.* Das Ergebnis: Ich hatte zwar noch Angst – doch hatte die Angst nicht mehr mich! Sie hatte sich zwar nicht gänzlich aufgelöst, doch konnte ich vieles, was ich sah, genießen. Fortan wurde diese Erfahrung für mich eine Hilfe für mein ganzes Leben. *Auf das Wichtigere als die Angst sehen!* Denn wer sich seinen angst-vollen Gedanken hingibt, der fixiert sich auf sie, der wird von ihnen aufgesogen, dem verengt sich der äußere und innere Horizont, der sieht keine Aus-Wege und erst recht keine Glücks-Wege mehr.

„Ich lasse mir von mir selbst nicht alles gefallen." Dieser Satz meines Lehrers Viktor Frankl ist einer meiner Lieblingssätze geworden. Was meint dieser Satz? Denken Sie doch einmal an die beiden Seelen in unsrer „Brust". Diese zwei Seelen sind ja meistens weder einer Meinung noch eines Willens. Es muss jedoch nicht sein, dass die „dunkle" Seele sich zwangsläufig durchsetzen muss. Es gibt nämlich Situationen, in denen sie durchaus beeinflussbar ist: Wir können einen beunruhigenden Gedan-

ken weiterverfolgen und so unsere Erwartungsangst steigern – wir können uns aber auch bewusst anderen, er-
frischenderen Gedanken und Handlungen zuwenden
und auf diese Weise dem Negativen die Aufmerksamkeit
entziehen. Wenn uns aber die Angst gepackt hat und uns
neue und scheinbar sichere Argumente einzuflößen versucht, dann bleibt uns immer noch die Möglichkeit der
Empörung gegen die „dunkle" Seele, die darauf aus ist, die
Kostbarkeit Leben zu tabuisieren, zu sabotieren oder zu
ruinieren. Ich spreche nicht von ohnmächtiger, blinder
Wut, die sich nur entladen will und so den Handlungs-
spielraum noch weiter einengt. Ich spreche von dem sich
empörenden Zorn.
    Zorn, damit meine ich jenes kraftvolle, höchst
menschliche Gefühl, das wir z. B. dann zulassen sollten,
wenn wir spüren, dass wir an der Bedrückung, Ein-
engung und Vernachlässigung unseres Lebens selbst beteiligt sind. Zorn, damit meine ich die jedem Menschen
eigene Fähigkeit, sich aufzurichten, aufzubäumen und
sich zu empören (empor!) gegen unechtes, feindliches,
unmenschliches Leben – auch in uns selbst.
    Zorn, das ist der Gegenpol zu tragischem Gebaren
und Selbstmitleid. Zorn, das ist ein komprimiert hervor-
gebrachtes Gefühl von Freiheit, das Versklavung nicht
duldet, vor allem nicht die Versklavung durch unsere
eigenen überängstlichen Gedanken.

Schreiben Sie alle angstmachenden Gedanken unterein-
ander auf. Dann überlegen Sie, was das Schlimmste, das
Zweitschlimmste, das Drittschlimmste etc. für Sie ist.
Wozu ist das gut? Die Differenzierung der angstmachenden Gedanken verringert deren globalen Druck. Nicht
alles, was uns bedrängt, ist in gleicher Weise einengend.
Das eine ist weniger schwer zu ertragen als das andere.
Wenn Sie fragen, was schlimmstenfalls „dabei" heraus-
kommen könnte, werden Sie (wenn Sie dieser Frage sorgsam nachgehen) erkennen, dass das, was Sie ständig beschäftigt und einengt, vielleicht unangenehm, letztlich
aber nicht katastrophal ist. Differenzieren Sie zwischen

dem Schlimmsten, Zweitschlimmsten etc., werden Sie
leichter erkennen, welches Problem Sie vorrangig bear-
beiten sollten und welchem Sie sich getrost später zuwenden könnten. Wenn Sie beginnen, zwischen schwereren
und leichteren Ängsten zu differenzieren, werden Sie die
Erfahrung machen, dass Sie hin und wieder ausruhen
und sich mit dem beschäftigen können, was für Sie vor
allem sinnvoll ist.

Die meisten ängstlichen Gedanken beziehen sich auf andere Menschen. Die folgenden Gedankenanstöße könnten ihre negative Wirkung reduzieren: Weshalb gebe ich
anderen Menschen so viel Raum in mir? Habe ich noch
immer nicht die Angst vor dem Vater, der Mutter, den
Lehrern, den Autoritäten der frühen Jahre überwunden?
Bestimmen diese Menschen, die damals auf mich Einfluss
hatten, mein Verhältnis zu anderen auch heute noch?

Oder ist da noch immer Widerstand in mir, selber
mündig zu werden und mir mein eigenes Urteil über
mich und andere zu bilden?

Ich kann mich nicht akzeptieren, weil andere mich
nicht akzeptieren. Mir fehlt jedes Gefühl für den Wert
meiner eigenen Person.
Habe ich mich denn für mich *entschieden*?
Setze ich mich denn für mich ein?
Suche ich denn *selbst* nach meinen eigenen Werten?

Ich stehe nicht zu mir.
Sollte etwa ein anderer zuerst zu mir stehen?
Ob das scheinbar so harmlose Gift des Selbstmitleids
mich daran hindert, dass ich zuerst für mich einstehe?

Ich weiche anderen aus. Sie könnten mir meinen Ruf,
meine Würde, meine Existenzgrundlage nehmen.
Können sie das *wirklich*?

Immer wieder lösen andere Menschen ängstliche
Gedanken in mir aus.

Lösen die *anderen* diese Gedanken aus?
Die Gedanken werden nicht in *mir* geboren?

Mag ich die anderen?
Kann es sein, dass ich Angst vor ihnen habe, weil ich
sie *nicht* mag?
Wenn ich jedoch die anderen nicht mag – wie kann
ich dann erwarten, dass sie mich mögen?

Ich habe mit Menschen schlechte Erfahrungen gemacht. Habe ich auch nach *guten* gesucht?

Ich weiß, dass mich andere beurteilen.
Können sie das?
Mein Verhalten wohl, mein Sein jedoch nicht.
Ahne ich, was das für mich bedeutet?

Wonach beurteile ich denn andere Menschen?
Nach dem, was sie haben?
Nach dem, was sie tun?
Nach dem, was sie wollen?
Nach dem, was sie können?
Ich beurteile sie nicht nach dem, wie sie ihr Leben –
im Rahmen ihrer Möglichkeiten – gestalten?

Umgang mit peinlichen Gedanken

Manche Menschen leiden darunter, dass ihnen immer
wieder aggressive oder sexuelle Gedanken kommen,
deren sie sich zutiefst schämen und die sie (leider) niemandem mitteilen mögen. Sie fühlen sich deshalb schuldig und minderwertig. Es kann sein, dass solche nieder-
ziehenden Gedanken z. B. zum Symptomfeld einer
Zwangsneurose gehören, oft jedoch haben sie keineswegs neurotischen Charakter.
    Es gibt Gedanken, die sich aus den tiefsten Schichten
der menschlichen Seele (C. G. Jung nennt sie das „kollek-
tive Unbewusste") lösen und ins Bewusstsein dringen,
ohne dass ein Mensch auch nur den Hauch einer Verant-

wortung dafür trüge. Diese Schichten beinhalten uralte
Erfahrungen der Menschheit, die jeder Mensch in sich
trägt. Ihre „negativen" Elemente können herbe Anfech-
tungen, ihre „positiven" Gründe für neue Hoffnung sein.
Sie steigen in jedem von uns hin und wieder auf, und da
ist keiner, der sich ihrer Verselbstständigung im Bewusstsein sogleich entziehen könnte.

Aus konkretem Anlass fragte ich einmal die Teilnehmer einer Selbsterfahrungsgruppe, ob sie schon einmal
in ihrem Leben einen übermäßig aggressiven Gedanken
gehabt hätten. „Einmal?" fielen mir mehrere ins Wort.
Dann berichtete einer nach dem anderen von Gedanken
und Impulsen barbarischen Inhalts (doch niemand von
ihnen hatte einen anderen oder sich selbst dadurch in
konkrete Gefahr gebracht).

Wenn uns Gedanken solcher Art überfallen, dann helfen
Fragen weiter:
Gehört der widerliche oder furchtbare Gedanke, der
sich mir jetzt aufdrängt, tatsächlich zu mir? Kann es sein,
dass er aus mir fremden Tiefen aufgestiegen ist? Indem
wir so fragen, distanzieren wir uns von ihm und brauchen
für ihn keine Verantwortung zu übernehmen.
Hilfreich ist manchmal auch der in der Verhaltens-
therapie methodisierte Gedankenstopp, den ich hier nur
andeute: Wenn sich ein peinlicher Gedanke nicht zurückzieht, kann ich ihm ein energisches „Schluss" – verbunden
mit einer energischen Geste – entgegensetzen.

Umgang mit schicksalsschweren Gedanken

Jemand lebt in einer schweren Ehe. Ein anderer erträgt
kaum noch seinen Beruf. Doch weder das Ehe- noch das
Berufsproblem lässt sich von heute auf morgen lösen. Die
Probleme sind allerdings so schwer, dass sie täglich einen
weiten Teil der Zeit ausfüllen. Es gibt eine gedankliche
Hilfe, die sich gerade in solchen, an den Lebensnerv
gehenden Zeiten als eine Form der Lebenskunst erwiesen hat.

Kaum etwas engt einen Menschen mehr ein als der Gedanke an Ausweglosigkeit. Denn dieser Gedanke löst in ihm das Gefühl aus, dass ihm keine Möglichkeit mehr bleibt, selbst über die Art und Weise seines Lebens entscheiden zu können. Gerade das aber macht im Besonderen die Qualität menschlichen Lebens aus. Denkt der unglücklich Verheiratete, dass er unter allen Umständen in der Ehe bleiben müsse, und ist der in seinem Beruf Verzweifelnde nur von dem einen Gedanken besetzt, dass er zu seiner jetzigen Tätigkeit keine Alternative finden werde, dann wird sich das Bedrücktsein weiterhin steigern.

Lassen die beiden Unglücklichen jedoch den Gedanken zu, dass sie ihr gegenwärtiges Los nur für eine *begrenzte* Zeit dulden müssen, dann öffnet sich ihnen wieder der Raum der Entscheidung, dann werden sie freier, auch wenn sich ihr Leben konkret zunächst gar nicht ändert. Denn gerade dadurch, dass sie den Gedanken an die Endgültigkeit ihrer Bedrängnisse fallenlassen und den an die *Vorläufigkeit* ihres Zustands aufnehmen, entsteht in ihnen Hoffnung. Hoffnung aber ist, obwohl sie sich auf Zukünftiges richtet, ein gegenwärtiges Gefühl. Und je stärker dieses Gefühl ist, desto eher zeigen sich neue Möglichkeiten – auch die, schon hier und jetzt die Probleme zu verringern oder vielleicht sogar zu überwinden.

Es gehört zu den Merkwürdigkeiten menschlicher Existenz, dass uns auch einmal ein Gedanke besetzen kann, der uns auf abenteuerliche Wege lockt. Da winkt z. B. das ganz große Glück in der Gestalt eines neuen Partners, da lockt das große Geld nach einem Berufswechsel. Und obwohl alle eigenen Gedanken und die wohlmeinender Freunde uns von diesem Weg abraten, lässt dieser eine Gedanke sich einfach nicht abschütteln.

Zu diesen schicksalsschweren Gedanken hat Anselm Grün in dem genannten Buch weise gesagt: „Alle Argumente, dass dieser Weg für einen nicht richtig sei, nützen nichts. Der Drang, den Weg zu gehen, ist so groß, dass er nur zur Ruhe kommen kann, wenn man ihn ausprobiert.

Die eigene Erfahrung lehrt einen dann mehr als alle Ratschläge anderer oder auch als die eigenen Argumente, die man sich gegen die bedrängenden Gedanken zurechtgelegt hat. Manche brauchen einen Umweg. Und man kann sie durch nichts abhalten. Sie müssen ihn gehen, um so selbst den richtigen Weg zu finden. Wichtig ist jedoch dabei, dass sie keine endgültige Entscheidung treffen, sondern sie nur testen, ob der Weg für sie gangbar ist."

Umgang mit Unkonzentriertheit

Zu den häufigsten Klagen im Zusammenhang mit Gedanken-Problemen gehört der Konzentrationsmangel. Was ist Konzentration? Konzentration ist Aufmerksamkeit. Aufmerksamkeit ist „kritische Wachheit" (von Dürckheim). Kritische Wachheit ist waches Erleben dessen, was ich tue und wie ich etwas tue.

In seinem Buch „Konzentration" (Wien 1993) hat Sam Horn elf Konzentrationsblockaden dargestellt (vgl. dazu auch „Psychologie heute", 20. Jg., Heft 11, S. 20 ff.). Es lohnt sich, über sie nachzudenken, da sie zugleich wichtige Hinweise zu ihrer Überwindung liefern:

Blockade 1 – *Ablenkung und Unterbrechungen*
Ich kann mich nicht konzentrieren, wenn ich dauernd z. B. von Menschen, sichtbaren Bewegungen, laufenden Bildern, Musik oder Lärm gestört werde.

Blockade 2 – *Mangel an Übung und Erfahrung*
Konzentrationsfähigkeit stellt sich nicht von selbst ein. Ich muss sie üben. (Eine hervorragende Übung ist z. B. das von Schülern leider ungeliebte Auswendiglernen von Gedichten, eine andere, in Schönschrift täglich langsam einen kleinen Text zu schreiben.)

Blockade 3 – *Gewohnheitsmäßige Unaufmerksamkeit und Zerstreutheit*
Nicht wenige Menschen sind von Jugend an darauf programmiert, mehrere Dinge gleichzeitig zu tun. Deshalb haben sie kein Gefühl für die Wohltat inneren Gesammeltseins entwickelt.

Blockade 4 – *Geringe Frustrationstoleranz*
Die Tendenz unserer Zeit, Schwierigkeiten so weit wie möglich aus dem Weg zu gehen, verhindert die Entwicklung geistiger Disziplin. Doch gerade sie brauchen wir, um uns auf komplexe Zusammenhänge konzentrieren zu können.

Blockade 5 – *Mangel an Interesse und Motivation*
Wenn ich mich für etwas Bestimmtes nicht interessiere, fehlt mir auch die Motivation, ihm meine Aufmerksamkeit zu schenken. Mangel an Interesse und Motivation aber sind häufig Ausdruck des Mangels an Wahr-Nehmung von Leben. (Wichtig ist deshalb, dass der an Konzentrationsmangel Leidende so intensiv wie möglich die ihn umgebende Welt zu *sehen* lernt.)

Blockade 6 – *Aufschieben*
Je mehr ich grundlos mir nicht angenehme Aufgaben aufschiebe, desto unfähiger werde ich, geistesgegenwärtig zu sein. Die Aufgaben lassen sich verdrängen, nicht aber die mich immer wieder einholende, peinigende Erinnerung an sie.

Blockade 7 – *Unklare Handlungszwecke und Pläne*
Je planloser ich in meine Tage gehe, desto weniger weiß ich, warum ich hier und jetzt dieses oder jenes tue. Doch wenn ich nicht weiß, wozu ich etwas tue, habe ich an dem, womit ich beschäftigt bin, weder das notwendige Interesse noch die hinreichende Motivation und schon gar nicht die Kraft, geistesgegenwärtig zu sein.

Blockade 8 – *Überlastung und Zerstreutheit*
Ursache für Konzentrationsmangel ist bei vielen Menschen nicht Planlosigkeit, sondern *Planfülle*. Denn wenn ich mich zu vielen Projekten zuwende, gleiche ich einem Musiker, der mehrere Instrumente zugleich zu spielen versucht.

Blockade 9 – *Stress, Müdigkeit, Mangel an Gesundheit*
Übermäßiger Stress wirkt sich auf *alle* Ebenen des Organismus, die wechselseitig miteinander in Verbindung stehen, aus. Wie also sollte unter diesen, den *ganzen* Menschen betreffenden Störungen, Konzentration möglich sein?

Blockade 10 – *Ungelöste Probleme*
Ungelöste, ängstigende und bedrückende Probleme absorbieren einen Großteil der Aufmerksamkeit, sofern sie Lebens-Probleme sind und also zentral das gesamte Lebensgefüge betreffen. Die Konzentrationsfähigkeit wird sich dann wieder einstellen, wenn die anstehenden Probleme so weit wie möglich gelöst sind.

Blockade 11 – *Negative Einstellung*
Wann immer ein Mensch von der Voraussetzung ausgeht, sich nur unter *bestimmten* Bedingungen konzentrieren zu können, fixiert er sich auf seine Unfähigkeit zur Konzentration und lenkt sich selbst von dem ab, dem seine Aufmerksamkeit gelten sollte.

Zehn Leitsätze

1. Gedanken sind Ausdruck der ganzen Persönlichkeit, zugleich beeinflussen sie die Persönlichkeit. Wer guten Umgang mit den Gedanken sucht, braucht deshalb Selbsterfahrung.
2. Gedanken sind Ausdruck des Geistes, zugleich lebt der Geist davon, welche Gedanken ihm *vorgegeben* werden.
3. Es gibt „zwei Seelen" im Menschen. Die eine entwickelt Gedanken, die ihn von ihm selbst entfremden, die andere entwickelt Gedanken, die ihn zu ihm selbst und auf seinen persönlichen Weg führen.
4. Es gibt Leit-Gedanken, die zu Leid-Gedanken werden. Es gibt auch Leit-Gedanken, die zu gelingendem Leben führen.
5. Die die Persönlichkeit bildenden Gedanken werden – in aller Regel – nicht im Stress geboren, sondern in der Stille. Stress ist die Negativbedingung für ein „gedankenloses", frustriertes und ungesundes Dasein.
6. Viele Gedanken, die zu zwischenmenschlichen Störungen führen, basieren auf unangemessenen Vorstellungen, die wir uns von anderen machen, und auf unangemessenen Erwartungen ans Leben.
7. Es gibt bedrängende Gedanken, die erst dann zur Ruhe kommen, wenn sie auf ihre realen Möglichkeiten hin durchdacht worden sind.
8. Es gibt peinliche Gedanken, für die wir uns nicht zuständig zu fühlen brauchen, weil sie aus seelischen Schichten aufsteigen, die unserem Verantwortungsbereich entzogen sind.
9. Nur wenn ich fühle, was ich denke, und denke, was ich fühle, bin ich mit mir im Einklang.
10. Was suche ich in meinen Gedanken: das Ja, das Jein oder das Nein zum Leben?

Sinn für mein Leben finden

Seit Jahren beschäftige ich mich vor allem mit der Frage nach Sinn, beruflich, wissenschaftlich, praktisch, persönlich und in Gesprächen mit anderen. Ich bin noch immer nicht müde geworden, dieser Frage nachzugehen, im Gegenteil: Mir geht immer mehr auf, dass sie die menschlichste aller Fragen ist. Sie ist nicht gebunden an Alter und Geschlecht, an Kulturkreise oder Bildungsschichten. Sie ist nicht nur die Frage der Verzweifelten, sondern auch die jedes bewusst lebenden Menschen.

Ich will in diesem Buch elementar über dieses Thema reden, mich nicht in Definitionen und Thesen verlieren und das zum Ausdruck bringen, was ich im Lauf der Zeit meine begriffen zu haben.

Die *Wege* zur Sinnfindung, die ich Ihnen, lieber Leser, beschreiben werde, habe ich nicht am Schreibtisch erdacht. Ich habe sie vor allem von Menschen erfahren, denen der Mangel an Sinn zum Lebensproblem geworden war.

Was ist Sinn?

Die Literatur zu unserem Thema ist uferlos. Philosophen, Theologen, Psychologen, Schriftsteller unterschiedlichster Couleur haben sich mit der Frage nach Sinn befasst und darauf – ihrem eigenen Menschenbild entsprechend – unterschiedliche Antworten gefunden. Was das Wort „Sinn" meint, scheint also vieldeutig zu sein. Wollten wir all dieser Meinungsvielfalt nachgehen, stünden wir am Ende wieder selbst vor der Frage, was mit diesem Wort gemeint sei.

Sinn – davon gehe *ich* aus – ist das in meinem Leben,
- was mir *hier und jetzt* das Wichtigste, die Hauptsache ist,
- was mich unmittelbar angeht und mich persönlich betrifft,
- woran ich mein Herz hängen kann,
- was mein Herz auswärmt, ausfüllt und höher schlagen lässt,
- das, wofür ich leben will und wofür es sich zu leben lohnt,
- das, wodurch ich mit mir eins werde.

Das bedeutet: *Sinn ist das, was der Mensch am meisten braucht. Daher ist Sinn das vorrangige Motiv menschlichen Lebens.*

Ob bewusst oder unbewusst, jeder Mensch fragt nach Sinn, denn das *Gefühl* und das *Bedürfnis* nach Sinn gehören zu ihm wie der Wunsch, zu lieben und geliebt zu werden. Beides ist spezifisch menschlich. „Ob er es will oder nicht, ob er es wahrhat oder nicht", so hat es der Wiener Psychiater und Neurologe Viktor Frankl gesagt, der sich wie kein anderer im 20. Jahrhundert mit der Sinnfrage beschäftigt hat, „der Mensch glaubt an einen Sinn, solange er atmet. Noch der Selbstmörder glaubt an einen Sinn, wenn nicht des Weiterlebens, so doch des Sterbens. Glaubte er wirklich an keinen Sinn mehr – er könnte eigentlich keinen Finger mehr rühren ..."

Warum jeder Sinn nur für sich selbst finden kann

Von Albert Einstein stammt der Satz: „Falls Gott die Welt geschaffen hat, war seine Hauptsorge sicherlich nicht, sie so zu machen, dass wir sie verstehen können." Es gibt in der Tat keine theoretisch beweisbare Antwort auf die Frage nach dem Sinn des *Weltganzen*. Es gibt auch keine theoretisch beweisbare Antwort auf die Frage, *warum und wozu* ein Mensch überhaupt lebt. Diese Fragen sind und bleiben für uns unlösbar, weil wir an Raum und Zeit gebunden sind und daher nicht über die uns gesetzten Grenzen unserer Erkenntnis hinaussehen können. Sie stellen uns vor ein unlösbares Problem. Antworten darauf lassen sich nicht *denken*.

Und doch brauchen wir eine Antwort auf die Frage, ob Sinn im Leben überhaupt vorhanden sei. Woher sollten wir sonst das *Motiv* und die *Hoffnung* nehmen, Sinn suchen zu wollen?

Es gibt eine Antwort. Wir finden sie jedoch nicht in der Welt der Gedanken, sondern im Leben selbst, und deshalb gilt es, sie mit Leib, Seele und Geist, also mit dem *ganzen* Menschen, zu suchen. Das gilt übrigens für alles Wesentliche, dem wir näherkommen wollen, so z. B. auch für die Liebe. Wer sich über Sinn oder Liebe nur Gedanken macht, wird zu ihm oder ihr keinen Zugang finden. Mir kommt ein Bild, das veranschaulicht, was ich meine:

Wenn ich die Fenster eines Domes von außen ansehe, sehe ich ihre Schönheit nicht und erkenne auch nicht ihre Motive. Gehe ich jedoch in den Dom hinein, dann leuchten mir ihre Farben entgegen, und ich beginne, die aus den Formen und Farben sprechenden Geschichten zu verstehen.

Ob das große Leben Sinn hat oder nicht, ob das einzelne Menschenleben Sinn hat oder nicht, das werde ich nur dann erfahren, wenn ich in den Dom des *Lebens* hineingehe und ihn nicht aus der Distanz betrachte, wenn ich im konkreten Leben immer wieder neu den Versuch wage, zu sein, was ich bin: ein „Mensch auf der

Suche nach Sinn" (Frankl). Doch bei dieser Suche bin ich allein. Denn:
Keiner kann Sinn für einen anderen finden. Jeder findet ihn nur für sich selbst. Dass das so ist, hat seinen Grund in der Einzigartigkeit und Unverwechselbarkeit jedes einzelnen Menschen. Darin liegt die Not, darin liegt auch die Faszination und Würde unseres Lebens. Es gibt zwar Erfahrungswerte, die Orientierungshilfen auf dem Weg zur Sinnfindung sind oder sein können. Die Entscheidung jedoch, was für den konkreten Menschen in seiner konkreten Situation sinnvoll ist und was nicht, kann jeder nur für sich allein treffen.

Die Aktualität der Sinnfrage

Wir leben in einer Zeit, in der die Angst zum lebensbestimmenden Gefühl der Menschen geworden ist – Angst vor den Tiefen oder Untiefen der eigenen Seele ebenso wie die vor anderen Menschen und der Welt, in der wir leben. Leib und Seele drücken dieses Lebensgefühl aus, nicht nur in unseren Breiten, sondern weltweit. Wir wissen davon nicht nur aus Büchern. Jeder, der mit Menschen therapeutisch oder beratend arbeitet, wird das bestätigen.

Die Angst unter uns ist so groß, weil der Mangel an Sinn so groß ist. Der Mangel an Sinn ist so groß, weil der Halt im Leben so gering ist. Der Halt im Leben ist so gering, weil die Suche nach Sinn so schwierig geworden ist. Die Suche nach Sinn ist so schwierig geworden, weil das Leben selbst unübersichtlich ist und daher die Wege zum Sinn unklar geworden sind. Und weil die Wege zum Sinn nicht mehr klar zu sein scheinen, ist die Angst unter uns so groß. Hier schließt sich der Kreis.

• Die Sinnkrise der Menschen unserer Zeit ist Ausdruck ihrer Angst im Leben. Das Angstgefühl ist Ausdruck ihres Mangels an Sinn. Die Antwort auf die Frage nach Sinn betrifft die *Mitte* des Menschen, weil das Sinnbedürfnis der ursprünglichste und vitalste Wunsch des

Menschen ist – und deshalb braucht er nichts mehr als
dessen Erfüllung.
• Sinnmangel und Sinnerfüllung betreffen den ganzen
Menschen – seinen Leib, seine Seele, seinen Geist. Das
bedeutet: Wenn ein Mensch nicht oder nicht mehr
ausreichend Sinn erfährt, kann er an Leib und Seele
erkranken. Erfährt er dagegen das Maß an Sinnerfüllung, das er persönlich braucht, dann bejaht er nicht
nur sein Dasein, dann kann er nicht nur vieles ertragen, dann beugt er zugleich vielen körperlichen und
seelischen Störungen, Konflikten und Krankheiten
vor.

Sie werden, lieber Leser, nicht erwarten, dass Sie, wenn
wir jetzt miteinander über Wege zum Sinn nachdenken,
mühelos zu einem sinnvollen Leben kommen (sofern Sie
es nicht schon längst leben). Wege muss man bekanntlich gehen, und zum Ziel gelangt nur, wer angesichts
schwieriger Passagen nicht kapituliert, sondern auch
dann weitergeht, wenn nicht nur die Füße schmerzen.
    Manchmal denke ich, dass nicht nur die viel zitierte
Orientierungslosigkeit unserer Zeit, sondern auch –
pardon! – die Seinsfaulheit nicht Wenige daran hindert,
die Wege zu den Quellen des Sinns zu finden.

Wege zur Sinnfindung

1. Das Wagnis der Begegnung

Wer meint, von niemandem geliebt zu werden, wird auch
nicht nach der Liebe Ausschau halten. Wer annimmt,
dass es keine Freiheit gibt, wird sich auch nicht nach ihr
sehnen. Wer behauptet, dass es keine Gerechtigkeit im
Leben gibt, wird auch nicht nach ihr fahnden. Wer daran zweifelt, dass es überhaupt Sinn im Leben gibt, wird
ihn auch nicht suchen. Denn alle großen Dinge im Leben, die wir nicht messen oder beweisen können, sind
nicht billig zu haben. Sie setzen unser *Vertrauen* voraus,
verlangen das *Wagnis* der Begegnung. Doch wer es wagt,

die Liebe, die Freiheit, die Gerechtigkeit oder den Sinn als *gegeben* vorauszusetzen, wird die erstaunliche Erfahrung machen, dass sie da sind, dass es sie gibt, und dass sie das Leben ungemein bereichern.

2. Die Stille suchen

Wer zu wenig oder gar keinen Sinn mehr in seinem Leben sieht, muss in die „Wüste" gehen. Die „Wüste", die ich meine, ist die Stille.

Wer sich mit sich allein sein lässt, wird mit dem konfrontiert, was er denkt und fühlt, was er hat und was ihm fehlt. Er begegnet sich *selbst.*

Seine Unruhe wird ihm deutlicher und seine Angst, seine Wut dringt deutlicher an ihn heran und auch sein Zorn. Er fühlt die Ungelöstheiten in seinem Herzen und beginnt zu verstehen, wodurch sie entstanden sind. Und vielleicht ahnt er die nächsten Schritte, die er gehen sollte, um sich von dem, was ihn bedrängt, zu befreien.

Wer sich mit sich allein sein lässt, beginnt auch zu ahnen, wie wenig er sich kennt, und wie viel ungelebtes Leben noch immer darauf wartet, aus-gelebt zu werden.

Die „Wüste" ist der Ort, an dem ein Mensch geistesgegenwärtig wird, an dem er sich erkennt und neue Bilder sieht von dem, was im Leben möglich ist.

3. Sich an frühere Sinnerfahrungen erinnern

Wer zu wenig oder gar keinen Sinn mehr in seinem Leben sieht, kann sich an das erinnern, was Sinn für ihn einmal gewesen ist: an die befriedigende Arbeit, an die bezaubernde Liebe, an die Geburt des Kindes, an all das, weshalb und wofür er leben mochte.

Es ist so wichtig, sich in Krisenzeiten an die alten Sinnbilder zu erinnern, wenn neue sich noch nicht oder nicht mehr zeigen, um wieder einmal Sinn zu *spüren*, um sich von den alten, guten Gründen für Leben wieder anwärmen und den Wunsch nach neuem Leben wieder aufkommen zu lassen.

Was wir an gelingendem Leben erfahren und ver-
innerlicht haben, kann uns vor Augen führen, wie stark
unser Gefühl für Leben einmal war und – vielleicht –
noch immer ist.

Es gibt Anregungen, die helfen können, das Verinner-
lichte wieder gegenwärtig werden zu lassen. Schließen
Sie die Augen und fragen Sie sich z. B.:

Wann war das (was gut, schön und sinnvoll war)?
Wo war das?
Was war das für ein Tag?
Wie sah das Haus, der Ort aus?
Spüre ich wieder den Duft des Raumes, der Land-
schaft etc.?
Sehe ich Einzelheiten?
Wen sehe ich jetzt vor mir?
Höre ich, was er oder sie sagt?
Was empfinde und fühle ich jetzt?
Ich bleibe im „Bild" und lasse es auf mich einwirken.
Ich bleibe längere Zeit bei dem, was gut und sinnvoll
war.

4. Es gibt Sinnfindungsbarrieren

Es gibt Barrieren vor den „Orten", an denen Sinn gefunden werden kann. Sie haben oft einfache Namen. Sie hei-
ßen Aggression, Stolz, Unwahrhaftigkeit, Neid, innere
Kälte, Angst, Maßlosigkeit, Unbarmherzigkeit, Konflikt-
scheu – oder auch Trotz, Selbstmitleid, Ehrgeiz, Eifer-
sucht, Ichbezogenheit. Diese und andere Gefühlskräfte
sind häufig die großen Gegenspieler jener Gedanken,
Gefühle, Haltungen und Handlungen, die die Bedingungen für ein gelingendes Leben sind.

Wer sich dem stellt, was ihm den Weg zum Sinn ver-
stellt, beginnt, *sich* zu verstehen und zu sich zu stehen. Er
sieht klarer, verhält sich klarer, beginnt zu ahnen, was
wirklich wichtig ist, verbraucht auch weniger Kraft, weil
er weniger verdrängt.

Es gibt keine runde, befriedigende, beglückende Sinnerfahrung, wenn jemand sich nicht so verhält, wie seine eigene Seele es von ihm erwartet. Wenn er gegen sich selbst lebt und also gegen das, was er „im Grunde" will – wie sollte er mit sich eins sein und Sinn erfahren? Wir brauchen nicht immer Therapie, um zu erkennen, was uns davon abhält, Sinn zu erfahren. Es genügt manchmal ein waches, williges Hinhören auf das, was uns ein Freund zu sagen wagt. Es genügt manchmal auch die Bereitschaft, die Kritik unseres „liebsten" Feindes ernst zu nehmen. Wichtiger jedoch ist die „Wüste", der Ort, an dem uns vor allem jene unbequemen Fragen kommen, denen wir nicht mehr ausweichen können.

Sie denken von sich hoffentlich nicht so gering, dass Sie annehmen, Sie könnten nicht eine einzige Sinnfindungsbarriere nennen?

Wenn wir uns allerdings weder mit uns selbst noch mit Freunden oder „Feinden" Klarheit darüber verschaffen können, was uns den Zugang zu den Gewölben unserer Seele zu verwehren scheint, dann wird für eine gewisse Zeit fachliche Hilfe angebracht sein.

5. Der Ursprung aller Konflikte

Ich gehe von der Voraussetzung aus, dass der weitaus größte Teil der Sinnproblematik in misslingenden Beziehungen von Mensch zu Mensch begründet ist. Der Ursprung dieser Konflikte hat zwei Gründe: *Wir sagen zu wenig, was wir denken und fühlen, und tun zu wenig, was wir sagen.*

Werden Beziehungen dann schwierig, neigen wir dazu, die „Schuld" von uns auf andere zu schieben. Das wiederum verursacht nicht nur Ärger mit den anderen, sondern spaltet auch die eigene Seele, denn sie weiß sehr wohl, was unser Anteil an der jeweiligen Problematik ist und was nicht.

Es gäbe eine Lösung. Sie ist jedoch nicht einfach zu haben. Sie verlangt Mut und Wahrhaftigkeit. Doch sie zu erproben, lohnt sich. Sie ist das durchgreifendste Mittel, zur Klarheit sich selbst und anderen gegenüber zu kommen. Sie löst viele, wenn nicht die meisten unserer Probleme. Der große Martin Buber hat diese Lösung so beschrieben:

„Es kommt einzig darauf an, bei sich zu beginnen, und in diesem Augenblick habe ich mich um nichts anderes in der Welt als um diesen Beginn zu kümmern. Jede andere Stellungnahme lenkt mich von meinem Beginnen ab, schwächt meine Initiative dazu, vereitelt das ganze kühne und gewaltige Unternehmen."

Schieben Sie, lieber Leser, einen Augenblick Ihre Einwände beiseite und lassen Sie zunächst einmal diese Sätze auf sich wirken ...

Spüren Sie die Wohltat, die schon von der bloßen Vorstellung ausgeht, sich nicht permanent darüber Gedanken machen zu müssen, warum und wozu der andere Ihnen Unrecht getan hat?

Ahnen Sie, welches Maß an Energie Sie einsparen könnten, wenn Sie – mehr als bisher – darauf verzichteten, all das, wofür Sie selbst verantwortlich sind, auf andere zu schieben?

Das wäre ein freieres Leben. Das wäre gelebte Freiheit. Das wäre Sinnerfahrung hier und jetzt. Das wäre überhaupt die Hauptsache dafür, Sinn im Leben zu finden.

Bei sich selbst beginnen ...

6. Der Schatz liegt in der Gegenwart

Die Märchen – jene Spiegelungen der menschlichen Seele – sind voll von Bildern und Symbolen für das *Eine*, das wir brauchen und das uns beglückt. Dieses Eine ist eine weitere wichtige Bedingung für gelingendes Leben. Die Märchen erzählen von dem Schatz, der auch dann zu einem guten Leben ausreicht, wenn wir meinen, wir hätten das Wichtigste nie bekommen oder gar verloren.

Gibt es diesen Schatz nur in Märchen?

Der Schatz, an den ich denke, liegt *in der Situation, in der ich bin, und an dem Ort, an dem ich mich aufhalte.* Denn die Gegenwart ist die Zeit und der Ort, an dem Leben stattfindet. Hier und heute finde ich die Gelegenheit, das Beste aus einer Situation zu machen. In dieser Zeit, unter diesen Umständen, in diesem konkreten Schicksalsraum, mit diesen Menschen eröffnet sich mir die Möglichkeit, Sinn in meinem Leben zu finden.

Mit anderen Worten: Daseins-Erfüllung erlebe ich, wenn ich den konkreten Rahmen meines *gegenwärtigen* Lebens so weit wie möglich ausschöpfe. Voll von Leben ist mein Tag, wenn ich die Möglichkeiten ausschöpfe, die ich in *ihm* vorfinde. *Sinn finde ich nicht gestern, nicht morgen und auch nicht da, wo ich nicht bin.*

Und weiter: Nicht die Menschen an sich, nicht die Dinge an sich, nicht die Feste an sich füllen unser Dasein aus, sondern unsere von dem Wunsch geleitete *Einstellung* zu ihnen, sie hier und heute zum Schatz werden zu lassen. Wäre es anders, kämen nicht so viele Menschen zu uns in die Beratung, die äußerlich „alles" haben, was das Herz zu begehren scheint.

Sind Sie enttäuscht über diese Antwort? Hatten Sie Befreienderes erwartet?

Darf ich Sie wieder bitten, einen Augenblick Ihre Einwände beiseite zu schieben und die Sätze auf sich wirken zu lassen? Spüren Sie wieder die Wohltat, die schon von der bloßen Vorstellung ausgeht, dass Sie sich nicht ständig neue Zustände und Umstände wünschen müssen, dass Sie ganz gegenwärtig, ganz in der Zeit und an diesem Ort zu Hause sein können?

7. *Wünsche sind Lotsen zum Sinn*

Wer zu wenig oder gar keinen Sinn mehr in seinem Leben sieht, sollte wieder einmal nach seinen Wünschen fragen, denn Wünsche können *Lotsen zum Sinn* sein.

Wünsche zeigen sich in wärmenden Gedanken, freudigen Impulsen, lang gehegten Fantasien. Nicht alle Wünsche lassen sich verwirklichen, und auch nicht alle führen zum Sinn, doch *einige*, und keineswegs wenige.

Wünsche zeigen an, wer wir sind, wonach wir Verlangen haben und was wir brauchen. Jene nun, die uns nicht treiben oder drängen, sondern uns *herausfordern*, sind in aller Regel die Werte, die Sinn versprechen.

Manche Menschen sagen, sie kennen ihre „tieferen"
Wünsche nicht (mehr). Ob das stimmt? Ob sie niemals
mit ihnen in Berührung gekommen sind? Ob sie ihre
Neigungen und Begabungen vergessen haben? Ob ihre
Träume ihnen keine Hinweise geben? Ich vermute, dass die, die so reden, die *Suche* nach ihren Wünschen aufgegeben haben. Doch wenn das so wäre, dann hätten sie das Wichtigste aufgegeben: die *Suche*
nach den *Hauptsachen* im Leben.
Wer tatsächlich keine Wünsche (mehr) kennt und
darunter leidet, braucht dringend fachliche Hilfe.

8. Aufgaben übernehmen

Manchmal geht es im Leben nicht um meine Wünsche
und auch nicht darum, was mir „eigentlich" zusteht. Ich
sehe mich plötzlich vor Aufgaben gestellt – in Familie,
Beruf, öffentlichem Leben –, die darauf warten, übernommen zu werden, und zwar von mir.
Bin ich nicht, frage ich vielleicht, für diese Aufgabe zu
schwach? Warum soll ausgerechnet ich mich dafür zur
Verfügung stellen? Dafür bin ich also gut genug? Es kann
sein, dass meine Motivation angesichts solcher Aufgaben
denkbar gering ist.
Doch dann sehe ich auf das, was auf mich zu warten
scheint, und höre in mir die Frage: Wer, wenn nicht ich,
käme sonst dafür in Frage? Und kein anderer antwortet ...
Dann mache ich mich an die Aufgabe heran – widerwillig zunächst. Und vielleicht ist sie noch schwerer, als
ich gedacht habe. Ich ahne jedoch, dass ich sie bewältigen könnte und nicht scheitern müsste.
Nach und nach gewinne ich eine Beziehung zu ihr, gewinne eine veränderte Beziehung auch zu mir selbst. Sogar ein wenig Freude kommt auf und hin und wieder
auch eine gewisse Lust an der neuen Verantwortung. Ich
beginne, Sinn in dem zu fühlen, was sich mir in den Weg
gestellt hat. Ich beginne auch, mich wert zu fühlen.

Oft denke ich an den Satz des Philosophen Ortega y Gasset: „Leben heißt, etwas Aufgegebenes erfüllen; und in dem Maße, wie wir es vermeiden, unser Leben an etwas zu setzen, entleeren wir es."

9. *Schweres Leben gestalten*

Vielleicht gehören Sie zu den Menschen, die alles verloren haben, was ihnen wert und teuer war: die Liebe, die Arbeit, die Gesundheit, den guten Ruf, sodass Sie sich fragen, ob und wie Sie ohne „das alles" weiterleben können.

Ob Sie „alles" verloren haben?

Vielleicht sind Sie im Lauf der Zeit müde geworden von zu vielen Niederlagen und haben deshalb die Hoffnung aufgegeben, dass auch Sie noch einmal fühlen könnten, wohin Sie gehören und wo Sie zu Hause sind. Sie denken vielleicht, das Leben habe Sie verlassen.

Ob das *Leben* Sie verlassen hat?

Manchmal kann es gut sein, für eine Weile sich einfach sein zu lassen und der Müdigkeit den Raum zu geben, den sie braucht – und nichts mehr von sich und anderen zu erwarten.

Manchmal bleibt unsere Seele zurück, wenn sie nicht mehr weiter kann. Dann bleibt uns selbst nichts mehr, als darauf zu warten, dass sie nachkommt, uns einholt und wieder auszufüllen beginnt. Dieses Warten darf sein. Es muss auch sein, denn die innere Welt richtet sich nach Regeln, die oft ganz anders sind als die der äußeren, leistungsorientierten Welt.

Vielleicht aber sagen Sie auch, Ihr Leben sei schon immer sinnlos gewesen.

Immer schon?

Sie haben noch nie Sinn gefühlt? Alles, was Sie erlebten, empfanden Sie als sinnlos? Sie kennen keine Freude, keine gute Zeit?

Das wäre bedrückend.

Doch wer sagt, er habe Sinn noch nie erfahren, sollte sich auch fragen, ob er meint, was er sagt, und ob es zutrifft, was er meint.

Menschen, deren Leben schwer ist, neigen dazu, ihre
vorwiegend dunklen Erfahrungen zu verallgemeinern –
vielleicht aus Trotz, verkappter oder offener Wut, vielleicht auch aus Hass gegen alles, was lebt.
Nicht selten jedoch liegt unter dieser Abwehr von
Leben – so merkwürdig es klingen mag – eine letzte Glut
verzweifelter Liebe zum Leben.
Wer sagt, er habe noch nie Sinn erfahren, muss sich
deshalb fragen, ob er will, was er tut, nämlich: sich immer
wieder einzutrotzen, einzuwüten, einzuhassen – und die
darunter liegende letzte Liebe sterben zu lassen.
Ich höre noch immer den Satz meines Lehrers Frankl:
„Man kann auch Sinn verweigern ..."
Nun gibt es allerdings auch Menschen, die „alles" verloren, jedoch gelernt haben, ihr Leid zu gestalten und
gerade dadurch zu tiefer Sinnerfahrung gelangt sind. Dabei denke ich z. B. an eine alte Frau, die seit ihrer Jugend
an einer schweren, sich immer wiederholenden seelischen Krankheit leidet und in den leichteren Zeiten so
viel wie möglich aus den sich ihr anbietenden Möglichkeiten auslebt.
Nein, diese Menschen lieben nicht das Schwere im Leben. Sie lieben das *Leben*. Sie lieben das Leben *trotz* der
Schwere. Sicher brauchen sie lange, bis sie sich zu einer
lebensbejahenden Einstellung durchgerungen haben.
Doch wenn man sie fragt, ob sich ihr Leben lohne, antworten sie mit einem klaren Ja.
Was ist ihr „Geheimnis"?
Sie haben vor allem gelernt, dass es entscheidend ist,
worauf man sieht: auf das, was man *nicht* ist, *nicht* hat,
nicht kann – oder darauf, *welche* Lebensmöglichkeiten
noch immer oder gerade jetzt offenstehen.
Unser Leben wird von dem bestimmt, was wir zur
Hauptsache machen. Machen wir das *Leiden* und die damit
verbundenen Einschränkungen, Verluste und Bedrängnisse zu unserem Hauptthema, dann wird unser Denken,
Fühlen und Handeln, dann werden all unsere Beziehungen zum Leben von diesem einen Thema bestimmt sein.
Dann liegen allerdings auch die meisten attraktiven

Möglichkeiten, die die Tage trotz allem lebendig gestalten könnten, im Schatten des Leidens und bleiben unerreichbar fern.

Liegt uns jedoch das *Leben selbst* am Herzen, dann werden wir hier und heute aus den konkreten Lebenssituationen an Werten herausholen, was herauszuholen ist. Dann werden wir das Schwere zwar nach wie vor nicht übersehen können, es wird jedoch allmählich seine nur tragische Bedeutung verlieren.

Ob Leben gelingt oder nicht, ob Leid sich gestalten lässt oder nicht – alles hängt davon ab, ob wir da-sein, ob wir leben, ob wir das Beste aus unserem Leben herausholen wollen oder nicht. Die Entscheidung darüber, ob wir auf das eine oder andere sehen, nimmt uns glücklicherweise niemand ab. Denn in dieser Freiheit liegt letztlich unsere Würde.

10. Die innere Welt kennt den Sinn

Sinnerfahrung – das ist auch die Erfahrung der unbewussten, inneren Welt. Wer z. B. über längere Zeit seine Träume ansieht und sie nicht zu „bloßen Fantasien" herabwürdigt, wird eine Ahnung von der Weite und Tiefe unseres inneren Lebens bekommen. Die unbewusste Welt ist anders als die bewusste, aber nicht weniger wirklich. Sie ist uns fremder, aber nicht weniger wichtig. Sie scheint uns ferner, und doch ist sie uns in Wirklichkeit nahe wie unser bewusstes Leben.

Die innere Welt ist eine Welt der Bilder, der Farben, des Lichts, der Dunkelheit – eine Welt der Gefühle, der Ahnungen, der Ideen. Sie ist eine Welt, die uns zu verstehen gibt, was für uns sinnvoll ist und was nicht, welche Wege wir gehen sollten und welche nicht. Sie ist der Ort, an dem die „Weisheit des Herzens" (Pascal) zu Hause ist. Und nicht zuletzt ist sie der Ort, von dem aus die Brücke beginnt zu jener anderen, von Menschen unterschiedlich genannten Welt: zur Tiefe des Seins, zum Lebensgrund, zu Gott.

Es gibt keine vertiefte Sinnerfahrung ohne Begegnung mit der eigenen inneren Welt. Wer nicht oder kaum mit ihr Berührung hat, erfährt sich selbst nur halb. Doch das wäre so, als wollte man lieben ohne Herz. Es gibt verschiedene Wege zum Unbewussten, doch manche, die beschrieben werden, sind kein Weg zum Sinn. Deshalb kann es gut sein, erfahrene Menschen um Rat zu fragen. Vier Wege für den Anfang möchte ich Ihnen beschreiben:

1. Wer häufig *Märchen* liest und sich in die Welt der Bilder und Symbole mitnehmen lässt, spürt im Lauf der Zeit, dass er sich zu verändern beginnt, dass er ruhiger und ausgeglichener wird, mehr Wärme in sich fühlt und auch in der bewussten Welt mehr sieht, mehr fühlt, mehr hat vom Leben – weil seine bewusste und seine unbewusste Welt zusammenrücken und er mehr als bisher mit sich eins wird.

2. Die *Träume* sind unbestechliche Kritiker unserer Lebenshaltung und Lebensführung, und auch sie sind Lotsen auf dem Weg zum Sinn. Man kann Träume wie Märchen lesen. Je häufiger man sich ihnen zuwendet, desto mehr wird man bestimmte Zusammenhänge erkennen, die sich immer wieder zeigen. Und ganz allmählich wird der Träumer mehr und mehr begreifen, was sie ihm sagen wollen von den Gründen des Lebens und auch davon, warum er sie nicht findet.

3. Kennen Sie das?
Sie sind allein. Es ist still um Sie herum.
Es ist auch still in Ihnen. Sie schließen die Augen.

Sie spüren, wie Leib, Seele und Geist sich lösen.
Sie denken kaum. Sie nehmen höchstens Ihr Denken wahr.
Nichts bedrängt und bedrückt Sie.
Sie sind einfach da.
Sie fragen nicht, ob Sie mit sich einverstanden sind oder nicht. Sie sind es.

Der Tag zieht an Ihnen vorüber.
Sie staunen darüber, dass Sie noch Stunden zuvor unsicher und ängstlich, weder mit sich noch mit dem Tag
einverstanden waren.
Und jetzt? Jetzt brauchen Sie nichts mehr, suchen
nichts mehr.
Viel Weite ist um Sie – und Freiheit – und Klarheit –
und Wärme.

Bilder zeigen sich vor Ihrem inneren Auge,
gute Bilder vom Leben, von gestern und heute.
Leben zieht in Sie ein.

Sie denken an morgen.
Ideen kommen auf Sie zu.
Was schwierig schien, scheint nun einfach.
Sie ahnen, spüren, wissen, was Sie morgen tun werden
und tun können.
Sie sind mit sich im Einklang.
Sie sind auch mit dem großen Leben im Einklang.
Sie fühlen sich geborgen.
Sie fühlen Sinn.
Sie fühlen Mut, ihn auszuleben.

4. Und noch eine Anregung:
Sie schließen die Augen.
Sie legen beide Hände auf die *Mitte* Ihres Körpers.
Sie lassen die Wärme Ihrer Hände in den Körper ein-
ziehen.
Ein Kreis voll Wärme entsteht unter Ihren Händen.
Sie spüren: Diese warme Rundung unter meinen Hän-
den ist mein *eigener,* innerster Kreis.

Bilder kommen auf, Bilder vom Leben,
vom warmen, weiten, freien Leben ...,
füllen den inneren Raum aus,
füllen Sie ganz aus.

Die Angst hat keinen Raum mehr, und auch nicht die Dunkelheit.
Leben erneuert sich.
Sinn wird fühlbar.

Am Ende meiner gedanklichen Wanderung durch die Sinnfelder des Lebens fällt mir ein Bild ein. Es könnte ein Symbol dafür sein, was ein Mensch, der auf der Suche nach Sinn bleibt, im Lauf seines Lebens erleben könnte. Vielleicht mögen Sie dieses Bild auf sich wirken lassen: Wenn ich in einem Tal stehe und auf die dieses Tal umgebenden Berge sehe, sage ich mir: „So hoch also sind die Berge." Steige ich dann, sagen wir einmal, 800 Meter höher, beginne ich zu staunen. Ich erkenne nämlich, dass über die aus dem Tal betrachteten Berge hinaus noch weit höhere aufragen. Das hatte ich nicht erwartet. Und vielleicht sehe ich noch nicht einmal den Gipfel, von dem aus ich noch viel weiter sehen könnte ...

Zehn Leitsätze zur Sinnfindung

1. Wer Sinn sucht, muss ihn mit Leib, Seele und Geist suchen – und sich fragen, was ihn leiblich, seelisch und geistig bei seiner Sinnfindung behindert.
2. Weil der Mensch ein Wesen ist auf der Suche nach Sinn, ist bereits jede Sinn-Suche ein sinnvoller Akt.
3. Wer sich an früheres, gelungenes Leben erinnert, weckt in sich das frühere Gefühl für Sinn und das Bedürfnis nach neuem, frischem Leben.
4. Die Stille ist der Ort, an dem sich uns die innere Welt erschließt, und an dem wir am ehesten spüren, wer wir sind, was wir brauchen und welche Wege für uns sinnvoll sein könnten.
5. Wünsche und Träume können Lotsen zum Sinn sein. Sie weisen den Weg zu den Orten, an denen Sinn gefunden werden kann.
6. Das, was uns hier und heute an Lebensmöglichkeiten begegnet, ist der „Stoff", aus dem sinnvolles Leben entstehen kann.
7. Wenn ich sage, was ich meine, und tue, was ich sage, wenn ich darüber hinaus mein Versagen so wenig wie möglich auf andere schiebe, komme ich zu mir, bin ich bei mir und bei anderen und mitten im Leben.
8. Wenn ich den Aufgaben, die auf mich zukommen, so wenig wie möglich ausweiche, kommt Sinn auf mich zu.
9. Man darf auch einmal müde sein und darauf warten, dass sich das Bedürfnis nach und die Fantasien für Sinn von selbst wieder einstellen.
10. Leid ist keine Barriere gegen Sinnfindung, im Gegenteil: Gestaltetes Leid kann zu tiefer Sinnerfahrung führen.

Die Sprache der Träume

Heute Nacht hatte ich einen Traum, der wahrscheinlich durch meine gegenwärtige Beschäftigung mit diesem Thema ausgelöst wurde:

Ich stehe an der Grenze zum Traum-Land. Weit, unermesslich weit tut sich dieses Land auf. Ich sehe nichts Bestimmtes, sehe nur eine grenzenlose Fläche, über der ein warmes Zwielicht liegt. Ich habe ein klares Gefühl: So weit ist dieses Land, und so voll von dichtem Leben! Ich fühle mich von ihm angezogen. Ich ahne seinen Reichtum.

Das Gefühl, das der Traum in mir auslöste, begleitete mich durch den ganzen Tag.

Ich möchte Sie, lieber Leser, ein Stück weit in dieses Land hineinführen, möchte Sie jedoch nicht mit allzu vielen Einzelheiten belasten. Das Wesentliche aber, so wie es mir in langen Jahren der Beschäftigung mit Träumen begegnet ist, möchte ich Ihnen schon mitteilen. Vor allem liegt mir daran, Ihr Interesse für diese Welt zu wecken oder das schon vorhandene weiter anzuregen.

Wir leben in einer Zeit, in der wir von der Vielfalt der Dinge zu ein-seitig in die äußere Welt gezogen werden, und das tut keiner Seele gut. Umso wichtiger ist es, dass wir uns auch unserer inneren Welt zuwenden, denn in ihr liegen Perlen, die darauf warten, gefunden zu werden.

Träume sind keine Schäume. Sie sind die Gesichter unserer Gefühle und Gefühlskräfte. Begegnen wir ihnen, dann begegnen wir dem Leben in unserer Tiefe. Dann erfahren wir, wonach wir uns vor allem sehnen: nach Sinn. Wo anders aber sollten wir Sinn suchen, wenn nicht in der eigenen Tiefe?

Wer sich auf seine Träume einlässt, wird im Lauf der Zeit die Erfahrung machen, dass nichts unverständlicher ist als die Angst vor der Begegnung mit sich selbst. Und er wird erfahren, dass das Herz Gründe zum Leben weiß, die der weit überschätzte Verstand auch bei bestem Bemühen sich nicht ausdenken kann.

Was ist wirklich?

„Heute Nacht habe ich geträumt", erzählt der chinesische Dichter und Philosoph Tschuang-Tse, „ich bin ein Schmetterling. Woher weiß ich jetzt, ob ich ein Mensch bin, der glaubt, ein Schmetterling zu sein, oder ob ich ein Schmetterling bin, der jetzt träumt, ein Mensch zu sein?" Was ist *wirklich?* Tagsüber sind wir aktiv. Wir nehmen unser Leben in die Hand und gestalten es. Wir sind vernünftig und passen uns dem an, was nicht zu ändern ist. Wir versuchen zu ändern, was zu ändern ist. Wir bemühen uns, nicht „negativ" aufzufallen, und oft genug verbergen wir uns vor uns selbst. Wir haben Sehnsucht nach dem „richtigen" Leben, und manchmal spüren wir es auch. Dann wieder glauben wir uns nur hoch ins „richtige" Leben, doch unsere Erfahrungen widerlegen uns später, was wir geglaubt haben. Ist diese Form des Daseins unsere Wirklichkeit?

Wie anders erleben wir die Nacht! Wir fliegen durch die Lüfte und führen Gespräche im Himmel. Wir begegnen unserem Feind und bringen ihn kurzerhand um. Wir erfahren die Liebe von dem, der sie uns tagsüber verweigert. Wir sind nicht gebunden an Räume und Zeiten. Wir kennen im Traum keine Grenzen. Ist das die wahre Wirklichkeit?

Die Frage ist falsch gestellt, denn beide Wirklichkeiten gehören zusammen, die Wirklichkeit des Tages und die Wirklichkeit der Nacht. In *beiden* erfahren wir Leben, zwar von verschiedenen Standorten aus, doch sind *wir* es, am Tage und in der Nacht, die unser Leben erfahren. In keinem Teil der beiden Wirklichkeiten erfahren wir das Leben ganz, und deshalb gehören beide zusammen.

Die Geschichte der Traumdeutung

Seit mindestens 4000 Jahren beschäftigen sich Menschen mit der Frage nach der Bedeutung von Träumen. Viele alte Schriften bezeugen, wie wichtig man sie nahm und wie differenziert bereits ihre Traumdeutung war.

Nur einige Beispiele:

Bereits die alten *Ägypter* wussten, dass Träume nur verstanden werden können, wenn man den Charakter des Träumers und seine Lebensumstände berücksichtigt.

Im alten *Mesopotamien* war bekannt, dass Träume Ereignisse ankündigen, die der Träumer noch abwenden kann.

Im alten *Griechenland* beschrieb der Philosoph Plato die Träume als die seherische Kraft der Seele. In seinem berühmten Höhlengleichnis stellte er die innere Welt der schattenhaften Welt der Wirklichkeit gegenüber. Die Aufgabe und Möglichkeit des Traumes bestanden für Plato deshalb darin, den träumenden Menschen diese Welt sehen zu lassen.

Im alten *Rom* wusste man schon, dass Träume hilfreiche ärztliche Ratgeber sein können.

Der *Talmud* betrachtete Träume als Mittler zwischen den Menschen und Gott. Er verstand sie als Briefe Gottes, die Menschen zu ihrem eigenen Wohl lesen sollten.

Weiteres reichhaltiges Material finden wir z. B. in der *Bibel*, im *Koran* und in europäischen Schriften vom Mittelalter bis zur Neuzeit.

An der Schwelle zur neueren Zeit waren es z. B. *Shakespeare* und *Goethe*, die in der Welt der Träume eine Kostbarkeit sahen. Vor allem die *Romantiker* erkannten die hervorragende Bedeutung der Träume und bereiteten der psychologischen Traumforschung den Boden. Von Novalis stammen die besonders für unsere Zeit so wichtigen Sätze: „Wir träumen von Reisen ins Weltall. Ist denn das Weltall nicht in uns? Die Tiefen unseres Geistes kennen wir nicht. Nach innen geht der geheimnisvolle Weg. In uns oder nirgends ist die Ewigkeit mit ihren Welten, die Vergangenheit und die Zukunft."

Mit seinem im Jahre 1900 erschienenen Werk „Traumdeutung" schlug dann der Begründer der Psychoanalyse, Sigmund Freud, ein neues Kapitel in der Erforschung der Träume und damit zum Verständnis des Menschen überhaupt auf. Andere Forscher aus dem Bereich der Psychologie, allen voran C. G. Jung, erschlossen weitere Wege zur Traumwelt. Allen gemeinsam jedoch war die

Wertschätzung der Träume, die, wie Freud es ausdrückte, der „königliche Weg" zum Unbewussten sind. Inzwischen hat sich auch die moderne Naturwissenschaft der Traumforschung angenommen. Es würde allerdings den Rahmen dieses Abschnittes sprengen, wollte ich die neueren medizinischen, biologischen und chemischen Erkenntnisse auch nur andeuten. Kaum übersehbar ist inzwischen die Literatur über die faszinierende innere Welt, kaum überschätzbar vor allem sind die Mitteilungen, die uns die Träume Nacht für Nacht zuteil werden lassen.

Jeder Mensch träumt

Erich Fromm hat gesagt, er halte die Symbolsprache – das ist die Sprache der Märchen, Mythen, Imaginationen und Träume – für die einzige Fremdsprache, die jeder Mensch lernen sollte. Sie ist für uns eine fremde Sprache, obwohl sie in jedem von uns spricht. Die meisten verstehen sie nur nicht oder doch nur ungenügend.

Die Symbolsprache meldet sich in jedem Menschen zu Wort, auch in dem, der sagt, er habe seit Jahren nicht mehr geträumt. Wir träumen nämlich jede Nacht vier- bis sechsmal in einer Dauer von etwa eineinhalb Stunden.

Die Symbolsprache ist eine Universalsprache, denn sie verbindet durch ihre Bilder Menschen aller Kulturen und Zeiten. In Tausenden von Jahren ist sie gewachsen, und sie wächst und verändert sich weiter durch die Zeiten hindurch.

Symbole sind Sinn-Bilder, die in komplexer Weise innere Wirklichkeiten zusammenfassen. Daher ist es unsinnig, sie nur vernunftmäßig erfassen zu wollen. Weil sie komplex sind und verschiedene Bedeutungen in sich vereinen, passen sie nicht in ein rational-logisches Konzept.

Was sind Träume?

Träume sind Erscheinungen des Unbewussten, die dem Bewusstsein zugänglich werden können. Nähern wir uns den Traumbildern, dann nähern wir uns unserer unbewussten, inneren Welt, seelischen Energien und Kräften, die stärker sind als die des Bewusstseins.

Jede menschliche Seele hat die Tendenz, das, was in ihr vorgeht, in Bilder zu übersetzen, sodass aus inneren Gedanken, Ahnungen und Gefühlen bildhafte Gestalten und Geschichten werden. Somit sind die inneren Bilder die Brücke zwischen der unbewussten und der bewussten Welt. Das bedeutet, dass die ersehnte Ganzheit des Menschen Wirklichkeit zu werden beginnt, wenn er diese Bilder zu verstehen und sich mit ihnen auseinanderzusetzen beginnt. Diese Traumbilder lassen sich in zwei Gruppen einordnen.

Zwei Gruppen von Traumbildern

Die erste Gruppe beinhaltet *Erinnerungen an das gelebte Leben*, die „negativen" ebenso wie die „positiven". Manche dieser Bilder sind *reale Erinnerungen*, andere wiederum spiegeln in *Symbolen* Aspekte vergangenen Lebens wider, die ins „persönliche Unbewusste" (C. G. Jung) hinabgesunken sind.

Zur zweiten Gruppe gehört eine Fülle *überpersönlicher* Bilder, die „Urbilder" der Seele, die zum Allgemeingut der Menschheit gehören. Diese dem „kollektiv Unbewussten" angehörenden „archetypischen" Bilder (C. G. Jung) sind ebenso „negativer" wie „positiver" Art. Dazu gehören z. B. feuerspeiende Drachen, Kraken und Spinnen einerseits und das tragende Meer, die Sonne, der oder die „alte Weise" andererseits.

Wovon die Traumbilder handeln

• Sie erinnern an vergangenes, sinnvolles Leben.
• Sie erinnern an vergangenes, aber unerledigtes Leben, an nicht überwundene Verletzungen ebenso wie an ungelebte Möglichkeiten.
• Sie erhellen nicht nur Vergangenes, sondern werfen auch Lichter auf Kommendes.

- Sie zeigen die inneren Widerstände, die die Entwicklung eines sinnvollen Lebens stören.
- Sie zeigen die Möglichkeiten des Geistes, die noch nicht bewusst geworden sind, z. B. der Freiheit, der Liebe, der Hoffnung, der Kreativität, der Religiosität.
- Sie vermitteln nicht nur persönliche, sondern auch allgemein-menschlich wichtige Einsichten und Erfahrungen der Menschheit, an denen jeder Einzelne in der Tiefe seiner Seele Anteil hat.
- Sie sind nicht nur die Brücke zwischen dem Bewussten und dem Unbewussten, sondern auch zwischen der Immanenz und der Transzendenz, d. h.: Manchmal sind Träume auch „somnia a deo missa" (C. G. Jung), von Gott gesandte Träume.
- Sie ergänzen unser bewusstes Bild der Wirklichkeit um die weite und reiche Welt der unbewussten Wirklichkeit.
- Sie sind eine Schatzgrube für Suchende.

Dazu ein Beispiel:

Niels Bohr, der dänische Physiker und Nobelpreisträger (1922), sah im Traum die Sonne, um die sich an dünnen Bändern die Planeten drehten. Die Sonne war umgeben von brennendem Gas, das sich plötzlich verfestigte.

Als er erwachte, wusste er, wonach er schon lange gesucht hatte. Die Struktur des Atoms war ihm auf-gegangen. In der Sonne hatte er den Atomkern, in den Planeten die Elektronen erkannt. Träumend hatte er die Grundlagen der modernen Atomforschung gefunden.

Die Bedeutung der Traumbilder

- Traumbilder sind sichtbare Zeichen der unsichtbaren Welt, durch die sich das innere Leben ausspricht und *Botschaften* der Seele mitteilt.
- Traumbilder sind energetische *Kraftfelder*, bildhafter Ausdruck der inneren Kräfte, der bedrohlichen ebenso wie der beglückenden, der sinnverweigernden ebenso wie der sinnvollen.

Diese Kraftfelder haben für die Lebensqualität eine eminent wichtige Bedeutung. Bleibt ein *negatives* Kraftfeld, etwa die Aggressivität, auf Dauer außerhalb der Reichweite des Bewusstseins, so kann es mit dem Menschen machen, was es will – bis hinein ins Körperliche. Liegt ein *positives* Kraftfeld auf Dauer brach, z. B. die Liebesfähigkeit, dann verhindert das nicht nur die Selbstwerdung, es kann sogar sein, dass sie ins Gegenteil pervertiert.

Das bedeutet: Nur die inneren Bildkräfte werden zugunsten eines Menschen wirksam, mit denen er sich hinreichend vertraut gemacht und auseinandergesetzt hat. „Es ist ein Urgesetz menschlichen Lebens, dass nur das, was angeschaut, also vergegenständlicht wird, auch verändert werden kann." (Juchli)

Das bedeutet:
• Ein Mensch, der seine Träume versteht, versteht mehr von sich selbst.
• Die Träume zeigen ihm, was ihn daran hindert, zu sich selbst und einem gelingenden Leben zu kommen, sie zeigen ihm Wege zur Überwindung seiner Probleme.
• Sie fordern ihn dazu heraus, aus seinen in Träumen gewonnenen Erkenntnissen konkrete Schlussfolgerungen zu ziehen.

Träume sind keine Schäume. Sie sind Perlen unserer unbewussten Welt, die darauf warten, vom Menschen gefunden zu werden. Ein einfaches Beispiel:
Ein Vater, der sich nach der Trennung von seiner Familie um die Entwicklung seiner Kinder, vor allem um die seiner Tochter, ängstigt, sieht im Traum einen langen, scheinbar sumpfigen Graben. Er „sieht", und fühlt sich dabei wie gelähmt, in dem Graben ihren vorläufigen Lebensweg vorgezeichnet. Er befürchtet, sie werde darin keinen Halt finden. Bei näherer Untersuchung jedoch stellt sich heraus, dass der gesamte Graben-Weg nur oberflächlich sumpfig ist. Unmittelbar unter der Oberfläche nämlich befindet sich ein Steinweg. Der Träumer fühlt sich tief erleichtert. Er gewinnt die Gewissheit, dass sein Kind auf dem Weg durch den „Graben" der nächsten Jahre Halt finden wird.

Dieser Traum wurde für den Vater in der Zeit, in der die Tochter aufgrund der Trennung litt und manches Problem zu bewältigen hatte, selbst ein Halt. Die Folgegeschichte bestätigte eindrucksvoll, dass er mit Recht seinem Traum vertraut hatte.

Traumbilder sind mehrdeutig

Welchen Bildern auch immer der Träumer begegnet, wenige haben den Bedeutungsgehalt, den sie aus „realistischer" Sicht haben, und wenige sind von vornherein in ihrem Bedeutungsgehalt eindeutig. Generell gilt:

• Je mehr die Einstellung des Bewusstseins von der des Unbewussten abweicht, desto „unrealistischer" sind die Traumbilder.

• Weicht die bewusste Einstellung nicht sonderlich von der des Unbewussten ab, begnügen sich die Träume mit einfühlbaren Varianten zur Realität.

• Sieht sich jemand so, wie er in Wirklichkeit ist (das kommt bekanntlich nicht so häufig vor), dann bestätigt ihn der Traum in seiner realistischen Sicht und behält trotzdem die ihm eigentümliche Eigenständigkeit.

Die Sprache der Träume ist eben eine Symbolsprache, und Symbole haben nicht nur mehrere Inhalte, sie verweisen auch auf „hinter" ihnen liegende Wirklichkeiten. Deshalb *erschließen* sie sich nur dem, der sie auf sich *wirken* lässt und sich mit ihnen *auseinanderzusetzen* beginnt.

Deshalb halte ich es für wenig hilfreich, manchmal sogar für gefährlich, mithilfe von allgemeinen Traumdeutungsbüchern die Bilder unbedingt verstehen zu wollen, und das aus mehreren Gründen: Es könnte sein, dass sich der Träumer aus mehreren Deutungsangeboten die ihm willkommene heraussuchte. Es könnte weiterhin sein, dass durch den lexikalischen Umgang mit den Träumen die persönliche Beziehung zu ihnen verloren ginge. Schließlich: Ein Vergleich

mehrerer Symbollexika zeigt erhebliche Unterschiede in
der Interpretation von Symbolen. Der Grund dafür liegt
primär in den unterschiedlichen Menschenbildern, von
denen aus die Deutungen erfolgen. Doch selbst dann,
wenn man Einsicht in ein oder mehrere Symbole hätte,
bedeutete das nicht in jedem Fall, dass dadurch der
Traum in seinem Gesamtzusammenhang bereits klar
wäre. (Nicht verzweifeln, lieber Leser! Wir kommen bald
zu konkreten Hilfen.)

Zunächst einige bekannte beispielhafte Szenen, die
die Mehrdeutbarkeit der Träume veranschaulichen:

*So könnte z. B. ein mich verfolgender Panther mich auf meine
Aggressionen aufmerksam machen, die ich nicht wahrhaben
will. Es könnte allerdings auch sein, dass er mich dazu herausfordern möchte, endlich meine nur ungenügend ausgelebte
Lebenskraft in Gebrauch zu nehmen.*

*Oder: Viele Menschen träumen von Einbrechern. Ein solcher
Traum ist zwar höchst unangenehm, doch könnte auch er eine
Herausforderung bedeuten, vielleicht die, dass Kräfte in das
Lebenshaus des Träumers einbrechen wollen, die dieser schon
lange nicht zugelassen hat. Es könnte allerdings auch sein, dass
fremde Kräfte in sein Haus eindringen, die dort nicht hingehö-
ren und denen gegenüber er sich zur Wehr setzen müsste.*

*Oder: Schlangen haben in Träumen keineswegs immer, wie oft
vermutet, eine sexuelle oder aggressive Bedeutung. Sie können
auch ein Symbol für einen Erkenntnis-, Reifungs- oder Gesun-
dungsprozess sein.*

*Oder: Es gibt viele Wasser-Träume, deren Bedeutung ebenfalls
sehr unterschiedlich sein kann. Wasser kann z. B. ein Symbol für
die Erneuerungskraft eines Menschen sein (Fontäne, Quelle,
Jungbrunnen), das stürmische dunkelgraue Meer dagegen kann
Zerstörung und Tod symbolisieren.*

Woher kommen die Träume?

Träume sind Ur-Phänomene, sind Erscheinungsformen des Lebens, die ebenso wenig vollständig erklärt werden können wie alle geistigen Phänomene, z. B. die Liebe, die Freiheit, die Hoffnung. Sie sind *Gegebenheiten des Lebens*, die sich den Erklärungswünschen der Menschen letztlich entziehen. So wird jedenfalls der argumentieren, der den Menschen nicht eindimensional, z. B. nur biologisch oder psychologisch, sondern dreidimensional, als Einheit von Leib, Seele und *Geist*, versteht.

Doch wie wir die lebendige Wirklichkeit der Liebe, der Freiheit oder der Hoffnung *erfahren* können, so auch die der Träume. Wenn wir es allerdings nicht lassen können, diese Juwelen des Geistes und der Seele zu „hinterfragen", dann gleichen wir jenem Musiker, der sich in die Frage verbohrt, warum Musik so tief berührend wirkt. Dann kann es sein, dass sich uns diese Kostbarkeiten ganz und gar entziehen.

Wer wissen will, woher die Träume kommen, der stelle sich ans Meer. Und wenn er die wenigen Wellen sieht, die sein Blick vom *großen* Meer erhaschen kann, wird er aufhören, nach der Heimat der Träume zu fragen.

Keine Träume?

Ich höre oft Menschen sagen, sie hätten keine Träume. Diese Aussage ist immer falsch, da jeder, ob er sich an sie erinnert oder nicht, nachts träumt. Wenn sich jemand nicht an seine Träume erinnert, gibt es dafür vier mögliche Gründe:

• Er hat kein oder kaum Interesse an seinem unbewussten Leben.

• Er hat sich nicht ausreichend *bewusst* mit seinen Problemen auseinandergesetzt und wartet nun (vergeblich) darauf, dass ihm das Unbewusste die notwendige Arbeit abnimmt.

• Seltsam genug: Die Träume können in einen anderen Menschen „auswandern", weil die Abwehr gegen den Inhalt offenbar zu groß ist. So erzählt C. G. Jung von einem Vater, dessen kleiner Sohn jene sexuellen Träume hatte, die dieser aufgrund seines Alters und Erlebens „eigentlich" gar nicht hätte haben können. Es handelte sich dabei um Träume, die sich nahtlos dem Problemkreis des Vaters zuordnen ließen.

• Es kann auch sein, dass sich Menschen über längere Zeit selten an Träume erinnern, weil das persönliche Leben rundum gut verläuft und sich die Traumwelt deshalb kaum an der Ergänzung des Bewusstseins zu beteiligen braucht.

Die wichtigste Voraussetzung dafür, mit Träumen so umzugehen, dass sie eine Hilfe fürs Leben werden, besteht darin, ihnen die *Bedeutung* zukommen zu lassen, die ihnen zusteht. Das Gefühl dafür stellt sich allerdings nur dann ein, wenn man mit ihnen vertraut wird. Hierfür möchte ich Ihnen folgenden erprobten Hilfen geben,

Äußere Hilfen für den Umgang mit Träumen

Es gibt äußere Faktoren und Hilfen, die wichtig sind, um sich an Träume erinnern zu können. Denn die Brücke, die herüberführt vom Land der Träume ins Land unserer Geschäftigkeit, ist schmal und sehr zerbrechlich.

• Wer still in die Nacht geht, ausreichend schläft und sich am Morgen Zeit beim Aufwachen lässt, wer auf Alkohol, Schlafmittel und Ähnliches verzichten kann, wird sich am ehesten an seine Träume erinnern.

• Wer sich am Morgen an die Bilder und Geschichten der Nacht erinnern möchte, kann sich (wie im autogenen Training) kurz vor dem Einschlafen mehrfach den Satz sagen: „Ich behalte meine Träume ... Ich behalte meine Träume ..."

- Da Träume zart sind wie Seifenblasen, liegt der Gedanke nahe, sie so rasch wie möglich nach dem Erwachen aufzuschreiben. Und sollte man einmal einen offenbar wichtigen Traum vergessen haben, kann man gelassen bleiben. Denn wirklich wichtige Träume kehren in großer Treue wieder, bis wir sie zur Kenntnis genommen (und „bearbeitet") haben.

- Wer seinen Traum gleich am Morgen einem vertrauten Menschen erzählt, wird die Erfahrung machen, dass er noch einmal ganz nah an das Erlebte herangeführt wird. Es kann sein, dass er sich an die eine oder andere Szene anders erinnert, als er sie geträumt hat, doch verfälscht er damit nicht gleich den Trauminhalt. Denn sicher ist es kein Zufall, wenn seine Seele ihm eine veränderte Darstellung des Traumes nahelegt. Vielleicht erfährt der Erzähler auch die Gunst, dass sein Zuhörer ihm eine kluge Frage stellt, die ihn der Bedeutung des Traumes näherbringt.

- Als bereichernd hat sich die Einrichtung eines Traumbuches erwiesen. Nein, man muss nicht jeden Traum aufschreiben. Denn wenn das Schreiben zur Strapaze wird, verschließt sich der Geist den fremden, feinsinnigen Gebilden der Nacht. Wer längere Zeit seine Träume aufgeschrieben hat, wird z. B. erkennen, dass bestimmte Menschen oder Häuser, bestimmte Ereignisse oder Situationen, bestimmte Gefühle oder Stimmungen sich wiederholen. Und vielleicht ergeben sich aus diesen Beobachtungen Ein-Sichten, die sein Leben ändern könnten.

- Man muss nicht begabt sein, um ein Traumbild malen zu können. Wer ein ihm wichtig erscheinendes Bild malt, findet vielleicht einen vertieften Zugang zu dem, was er Stunden zuvor gesehen hat. Es kann sogar sein, dass er auf diese Weise unmittelbar erfährt, was der Traum ihm sagen wollte.

Bevor wir nun zu den inhaltlichen Hilfen übergehen, will ich noch kurz ein Problem ansprechen, das viele Träumer immer wieder bedrängt. Viele ängstigen sich, wenn sie vom Tod träumen, von dem Tod eines nahestehenden Menschen oder auch vom eigenen. Dazu stellt E. Aeppli, ein Schüler C. G. Jungs, in befreiender Eindeutigkeit fest: „Aus Erfahrung von Tausenden und Abertausenden kleiner und großer Träume gewinnt man die Gewissheit, dass Träume vom Tode nie den leiblichen Tod verkünden, dass sie also nicht dunkle Voraussagen sind. Träume, in denen vom Tode gesprochen wird, in welchen in oft seltsamen Bildern ein Sterben sich vollzieht, in denen wir selbst sterben müssen oder gar am eigenen Begräbnis teilnehmen, besagen nichts anderes, als dass seelisch etwas tot ist, dass die Beziehung zu den Menschen, die wir als gestorben träumen, zur Zeit des Lebens entbehrt" (Erlenbach-Zürich, 1973, 5. Auflage, S. 351).

Hilfreiche Fragen an die Träume

Nein, die Erschließung von Träumen ist keineswegs nur mit Hilfe von Fachleuten möglich. Es trifft zwar zu, dass die eigene Arbeit an Träumen rascher an Grenzen stößt als dann, wenn man sie mit einem geschulten Menschen bearbeitet. Doch ist es schließlich der Träumer selbst, der seinem Traum am nächsten ist.

Wichtig ist allerdings schon, konkrete Hilfen zur Einführung in die Traumarbeit zu erfahren. Und dazu können fachliche Einführungen, z. B. in Seminaren, hilfreich sein. Vielleicht sind die folgenden Seiten für Sie ein Anreiz, sich um solche Veranstaltungen zu bemühen.

Klaus Thomas hat in seinem Buch „Träume – selbst verstehen" (Stuttgart 1972) in sieben Frageblöcken hervorragende Anregungen zur Beschäftigung mit eigenen Träumen gegeben. Ich werde eine Reihe dieser Anregungen aufnehmen, manche abwandeln und einige ergänzen. Es könnte von Nutzen sein, wenn Sie hin und wieder einen Ihnen wichtig erscheinenden Traum mit Hilfe dieser Fragen durcharbeiten. Es ist weder möglich noch notwendig, auf jede dieser Fragen einzugehen. Doch wird jede innere Berührung mit ihnen Sie ein Stück näher an die Träume heranführen.

1. Fragen zur Anregung von Einfällen

• Was fällt mir zu dem Traum ein? Die Frage kann an jedes Wort und jede Szene des Traumes gerichtet werden.
• Wovon handelt er?
• Wie kam es zu dieser oder jener Entwicklung?
• Welcher Eindruck ist mir jetzt noch besonders gegenwärtig?
• Welche Überschrift würde ich dem Traum geben? Könnte ich mir auch eine andere vorstellen? Vielleicht noch eine dritte? Sagen die verschiedenen Überschriften das gleiche oder jeweils ganz Unterschiedliches aus? Welche kommt mir am nächsten?
• Wenn der Traum oder die geträumte Szene unvollständig zu sein scheint – wie würde ich ihn oder sie weiterfantasieren? (Das Wort Fantasie ist nur dem Kopf suspekt, der inneren Welt nicht.)

2. Fragen nach den Ebenen, Orten und Inhalten

• Welche der Dimensionen spiegelt der Traum wider: Körper, Seele, Geist?
• Welche natürlichen und körperlichen Ursachen (z. B. Körperreize) nimmt der Traum auf, und wie verarbeitet er sie?
• Welche Gedanken oder Erlebnisse des Tages spiegelt er?
• An welchem Ort handelt er? Kommt mir der Raum oder die Landschaft bekannt vor?
• Welche Erinnerungen an die Kindheit nimmt der Traum auf? Sind sie bewusste Erinnerungen?
• Welche Erinnerungen an spätere Zeiten werden geweckt?
• Handelt der Traum nur von persönlichen oder auch von überpersönlichen Dingen?
• Welche Inhalte spiegelt er wider?

3. Fragen nach den Gefühlen

- Welches Grundgefühl hatte ich im Traum?
- Welches Gefühl hat mich am meisten belastet, welches am meisten beglückt?
- Wovor hatte ich die größte Angst, was hat mich am meisten ermutigt?
- Hatte ich ganz unterschiedliche Gefühle? Welches kommt mir jetzt am nächsten? Kommt mir dazu ein Bild?

4. Fragen nach den Personen

- Welche Personen kamen im Traum vor?
- Welche kannte ich, welche nicht?
- Wie sahen sie aus? Männlich – weiblich, jung – alt, groß – klein, dick – dünn, hell – dunkel, die Kleidung?
- Was fiel mir bei den einzelnen Personen auf?
- Was ging von ihnen aus?
- War ich auch dabei?
- Kann es sein, dass die eine oder andere Person oder vielleicht sogar mehrere mich widerspiegelten? In welcher Rolle spiegelten sie mich besonders wider?
- Was hat mich an der einen oder anderen Person am meisten überrascht?

5. Fragen nach dem Träumer

- Was habe ich in derselben Nacht noch geträumt?
- Was habe ich zum selben Thema schon früher geträumt?
- Ist der Traum eine Wiederholung? (Wiederholungsträume weisen darauf hin, dass ein Problem wichtig und noch nicht bearbeitet ist.)
- Seit wann wiederholt er sich?
- In welchen Lebenssituationen hatte ich solche Träume?
- Bin ich gegenwärtig wieder in einer solchen Situation?
- Welche Orte, Personen, Bilder oder Sätze halten mir die Träume immer wieder hin?

- Fallen mir noch andere Träume zu diesem Thema ein? Gibt es einen Zusammenhang zwischen jenen und diesem?

6. Fragen nach der Beziehung zur Realität

- Habe ich das, was ich im Traum erlebt habe, in ähnlicher Weise schon in der Realität erlebt?
- Zu welcher Zeit handelten die Träume und wann die der Erinnerung?
- An welchem Ort handelten die Ereignisse des Traumes und an welchem die der Erinnerung?
- Sind die Ereignisse des Traumes und die der Realität gänzlich unvereinbar?
- Gibt es Brücken des Verstehens zwischen der einen und der anderen Welt?
- Weist mich der Traum auf etwas hin, was ich schon geahnt habe? Und: Will ich wissen, *was* ich ahne?
- Was will der Traum „richtigstellen"?
- Was will er mir sagen?

7. Der Traum als Herausforderung

- Will ich mir überhaupt von meinem Traum etwas sagen lassen?
- Welche Veränderungen erwartet er von mir?
- Bezieht sich die Veränderung auf bestimmte Verhaltensweisen/Handlungen/auf meinen Charakter?
- Wozu fordert der Traum mich heraus?
- Wozu ermutigt er mich?
- Welche Verantwortung mutet er mir zu?
- Welche Freiheit eröffnet er mir?
- Welche Möglichkeiten für mein kommendes Leben bietet er mir an?
- Erleichtert er mir eine Entscheidung?
- Zeigt er mir, worauf ich bei der Entscheidungsfindung zu achten habe?
- Welche konkreten Schlussfolgerungen ergeben sich aus dem Traum?

Grundregeln für das Verstehen von Träumen

1. Deutung auf der *Objektstufe*
   Als eine Grundregel für die Traumdeutung kann gelten, dass der Träumer seine Träume zunächst auf der Objektstufe zu deuten versuchen sollte. Er sollte fragen, was der Traum ihm über reale Menschen und Situationen, über seinen Beruf und seine sonstigen Beschäftigungen, über das, womit und wovon er lebt, sagt.

Ein einfaches Beispiel:
Ein Mann träumt von einem Geschäftskollegen, dieser habe ihn zum Mittagessen eingeladen und ihm ein Steak aus verdorbenem Fleisch angeboten. Der Träumer ahnt, dass ihn der Traum davor warnen will, mit dem Mann ein Geschäft abzuschließen. „Unvernünftigerweise" verlässt er sich auf die Warnung seiner Seele – zu seinen eigenen Gunsten. In der Folgezeit nämlich stellt sich der Geschäftsmann tatsächlich als Betrüger heraus.*

2. Deutung auf der *Subjektstufe*
   Nach dem Betrachten von Träumen auf der Objektstufe ist es wichtig, sie auf der Subjektstufe zu studieren. Auf dieser Stufe werden alle Menschen, Tiere, Pflanzen und Dinge als Elemente der *eigenen* Person betrachtet. Was der Träumer sieht, sind Spiegelungen seiner Seele.

Zwei Beispiele:
Ein Mensch befindet sich in einer höchst bedrohlichen Situation – gesundheitlich, sozial oder familiär. Dann zeigen die Träume z. B. ein graues, stürmisches Meer – einen Abgrund, der sich plötzlich vor ihm auftut – oder ein brüchig gewordenes Haus.

Oder:
Ein Mann träumt von einem Bekannten, der auf einer Reise immer wieder den Anschluss an seine Reisegruppe verpasst. Er redet unklar, verhält sich unklar, langweilt sich und andere und weiß nicht, was er will. Am Beginn unseres Gesprächs über den

Traum legt der Träumer auf die Feststellung Wert, jener Mann sei weder sein Freund noch habe er mit ihm in irgendeiner Weise zu tun. Deshalb versteht er nicht, was dieser Mensch in seinem Traum zu suchen habe. Im Verlauf des Gesprächs geht ihm jedoch auf, dass die beschriebenen Verhaltensweisen auf ihn selbst zutreffen – und fühlt sich durch diese für ihn erschreckende Erkenntnis zu einem anderen Verhalten herausgefordert.

Man würde allerdings vielen Träumen nicht gerecht, wollte man sie entweder auf der einen oder auf der anderen Stufe deuten. Um Trennungen solcher Art ist der Verstand bemüht, der immer wieder nach Schlüsseln sucht für Räume, die sich ihm doch nie ganz erschließen.

3. Die *Hauptsache* in der Traumdeutung
Die wichtigste Frage der Traumdeutung richtet sich darauf, *welche bewusste Einstellung zum Leben kompensiert, also ausgeglichen werden soll.* Der Traum gleicht das aus, was das Bewusstsein bislang nicht erkannt und wahr-genommen hat. Je einseitiger sich ein Mensch sieht, desto einseitiger zeichnet der Traum ein entgegengesetztes Bild und ergänzt den Blick des Bewusstseins um das, was ihm bislang verborgen war.

Zwei Beispiele:
Wenn jemand z. B. behauptet, nur die anderen seien aggressiv, er selbst sei dagegen die verkörperte Friedfertigkeit, dann kann es sein, dass der Traum ihn zu einem wütenden Wüstling werden lässt. Das bedeutet freilich nicht, dass er tatsächlich ein solcher Mensch ist. Der Traum übertreibt, um den Träumer darauf aufmerksam zu machen, dass er bisher viel zu harmlos von seinen Aggressionen gedacht hat.

Andererseits kommt es vor, dass jemand, der viel zu gering von sich denkt, sich im Traum als die verkörperte Liebenswürdigkeit erlebt. So allerdings ist der Träumer in Wirklichkeit auch nicht. Auch dieser Traum übertreibt, um den Träumer darauf aufmerksam zu machen, dass er sich viel zu negativ einschätzt.

Jede klare Antwort auf die Frage, was der Traum ausgleichen will, ist für die Lebensführung, Haltung und Einstellung zum Leben von unschätzbarem Wert. Denn nichts befreit einen Menschen mehr als die gefühlte Erkenntnis und Anerkennung seiner eigenen persönlichen Wahrheiten. Träume sind Wahrheitsfinder, doch keine Moralisten. Nicht darum geht es ihnen, einen Menschen anzuklagen, sondern ihn „ganz" werden zu lassen. Ist er mehr als bisher „ganz" geworden, dann ist er weniger gespalten. Ist er weniger gespalten, dann ist er mehr bei sich selbst. Ist er mehr bei sich selbst, hat er mehr Stehvermögen. Hat er mehr Stehvermögen, dann nimmt er sich selbst mehr an. Nimmt er sich selbst mehr an, dann nimmt er auch andere mehr an. Dann ist er – mehr als bisher – ein „ganzer" Mensch.

Und noch etwas ist in diesem Zusammenhang wichtig: Da jede Verdrängung von Wahrheiten – das gilt übrigens *auch* für die „positiven" – Energie verbraucht, bedeutet jede Auflösung von Verdrängungen Schonung und Freisetzung der inneren Kräfte.

Wie viel mehr Kraft also stünde uns zur Verfügung, wenn wir mehr als bisher auf unsere Träume hörten!

Die lohnenden Mühen der Traumdeutung

Vielleicht werden Sie, lieber Leser, sagen, „das alles", die hier beschriebene Arbeit an den Träumen nämlich, sei Ihnen viel zu kompliziert und koste zu viel Zeit. Dann darf ich Sie an Erich Fromms Satz erinnern, die Symbolsprache sei die einzige Sprache, die man wirklich kennen sollte – um seiner selbst willen. Und wenn Sie nicht den Anspruch stellen, innerhalb kurzer Zeit ein Kenner dieser wundersamen Welt zu sein, werden Sie erleben, dass Ihnen die Träume entgegenkommen. Je vertrauter Sie mit ihnen werden, desto leichter erschließen sie sich Ihnen.

Sie könnten Ihre Träume auch einfach wie Märchen lesen. Märchen mit ihren Weisheiten bewirken allerdings nur dann etwas, wenn wir sie wie die Kinder lesen: neugierig, ohne Vorurteile und mit einem Herzen, das sich Neuem nicht verschließt.

Gibt es überhaupt eine „richtige" Traumdeutung?
C. G. Jung, der wohl erfahrenste Traumdeuter des 20. Jahrhunderts, hat diese Frage verneint. Es gibt gute Erfahrungen, und einige wichtige habe ich Ihnen beschrieben. Doch ist das Land, aus dem die Träume kommen, zu weit und zu tief, als dass wir es je ausloten könnten. Und das wird auch so bleiben.

Die Hauptsache bei der Traumdeutung ist, das konkrete Leben so aufmerksam wie möglich zu studieren, es mit den Bildern des Unbewussten zu vergleichen und daraus konkrete Konsequenzen zu ziehen.

Zehn Leitsätze

1. Die Sprache der Träume ist eine Symbolsprache. Sie ist in Jahrtausenden gewachsen. Sie ist die einzige Universalsprache. Sie verbindet Menschen aller Kulturen und Zeiten.
2. Die Symbole sind Bilder der Seele, die persönliche und allgemein-menschliche Erfahrungen, Einsichten, Weisheiten und Visionen widerspiegeln.
3. Jede menschliche Seele hat die Tendenz, das, was in ihr vorgeht, in anschauliche Bilder zu übersetzen. So werden aus Gedanken und Gefühlen Gestalten und Geschichten.
4. Träume wirken vielfältig auf den Träumenden ein: Sie erinnern ihn an Unerledigtes, z. B. an alte Verletzungen, die noch immer auf Heilung warten, ebenso wie an noch immer ungelebte Möglichkeiten. Sie erhellen die Gegenwart mit ihrer Problematik und zeigen Lösungsmöglichkeiten. Sie lenken den Blick auch auf die Zukunft, indem sie z. B. vor möglichen Krankheiten warnen, die sich entwickeln könnten (aber nicht zwangsläufig müssen), oder auf künftige glückliche Fügungen.
5. Die Hauptfrage der Traumdeutung bezieht sich darauf, was der Traum kompensieren und korrigieren, welche bewusste Sicht der Dinge er ausgleichen und ergänzen möchte. Deshalb bedarf fast jede Traumdeutung der Einbeziehung der gegenwärtigen Situation und der Lebensgeschichte.
6. Häufig erschließen erst viele Träume zu einem bestimmten Thema (Traumserie) die Tiefe von Traumaussagen.
7. Symbolbücher ersetzen nicht die persönliche Auseinandersetzung mit den einzelnen Bildern des Traumes, denn jeder Mensch hat sein ureigenes Verhältnis zu den ihm erscheinenden Symbolen.

8. Wir können Träume mit Gewinn lesen, wenn wir sie wie Märchen lesen. Sie erschließen sich uns jedoch noch weitaus besser, wenn wir uns von erfahrenen Menschen in die Traumdeutung einführen lassen.

9. Träume sind ein hervorragendes Mittel zur Erweiterung der Persönlichkeit. Sie sind die erfahrensten Begleiter auf dem Weg zur Reifung.

10. Ein Traum kommt zur Erfüllung, wenn er gedeutet und konkret ins Leben übersetzt wird.

Sich selbst bejahen

Zu den seltsamen Dingen im Leben gehört für mich die Tatsache, dass viele Menschen sich viel zu wenig bejahen. Sich bejahen, das bedeutet, trotz mancher Mängel, Schwächen und Unfähigkeiten mit sich einverstanden zu sein, sich vertrauen und annehmen zu können, zu wissen: Es ist gut, dass es mich gibt. Der Mangel an Selbstbejahung ist eine höchst bedauerliche Tatsache. Denn wer sich selbst zu wenig bejaht, fühlt sich nicht nur unwohl, er bejaht auch andere und anderes Leben zu wenig. Die Folgen sind bekannt. Deshalb gehört die Frage, wie man Selbstbejahung erreichen könne, zu den zentralen Fragen, mit denen sich Menschen befassen sollten.

Die Antworten, die Sie in diesem Buch finden werden, sind nicht am Schreibtisch erdacht. Sie sind aus vielen Gesprächen erwachsen, die ich seit Jahren mit solchen Menschen führe, die nach sich selbst und nach Sinn im Leben suchen. Und um es gleich vorweg zu sagen: Gutes, selbstbejahendes Leben ist möglich, auch dann, wenn die inneren und äußeren Voraussetzungen nicht besonders günstig erscheinen.

In diesem Buch ist nicht von der rasch wirksamen Hilfe zur Entwicklung von Selbstbejahung die Rede, die durch die Stabilisierung des Körpers zustande kommt, z. B. durch Sport oder „richtige" Ernährung. Denn ich gehe davon aus, dass diese Tatsache Ihnen selbstverständlich ist.

Selbstverneinung ist ein allgemeines Problem

Du magst dich nicht, sagst du.
Du traust dir zu wenig zu.
Du fühlst dich nicht wert.
Du fühlst dich unsicher und gehemmt.
Du fühlst dich manchmal sogar überflüssig.
Du sagst nicht Ja zu dir.

Wenn du so denkst, dann teilst du dieses Problem mit zahllosen Menschen und mit Menschen *jeden* Alters, *jeden* Berufs, *jeder* Gesellschaftsgruppe.

Seltsam: Da lebst du hin, du Mensch, ein Jahr ums andere, und mühst dich für dich selbst, tust vieles, um das Glück zu finden und – sagst nicht Ja zu dir, nicht dieses Ja, das eine gute Ausstrahlung hat.

Doch wenn du einen findest – und diesen Menschen gibt es auch –, der zu sich steht und sich auch mag, der gern in den Tag geht, dann geht dir auf, wie gut das sein könnte: du selbst zu sein, dich selbst zu bejahen.

Du fragst, woher es kommt, dass viele von uns sich nicht bejahen? Das kommt vor allem von den Ein-Drücken aus früheren Zeiten: Da waren Menschen, die unser Wesen verkannten, die uns führten, wohin wir nicht wollten, die nicht uns sahen, sondern sich, die uns nicht gaben, was jeder von uns braucht: das Geliebtwerden, um uns selbst lieben und bejahen zu können.

Denn jeder braucht das, vor allem als Kind: das An-Wärmen, das An-Muten, das An-Erkennen, das An-Lieben durch andere. Und wer es zu wenig empfängt, hat es zunächst einmal schwer mit der Freiheit und der Liebe und der Selbstakzeptanz.

Sicher ist, dass – wie alles im Leben – auch die Selbstbejahung dem Gesetz der Polarität unterliegt und es deshalb keinen Menschen gibt, der – trotz gegenteiliger Behauptungen – ständig dieses kostbare Gefühl hätte. Es hat allerdings auch mit uns selbst zu tun, wenn wir es bis jetzt nicht geschafft haben, uns selbst anzunehmen. Denn *festgelegt* ist niemand durch das, was er erlebt hat, und schicksalhaft ist Selbstverneinung auf Dauer nicht. Denn *Menschsein heißt auch, anders zu werden, sich verändern zu können.* Wenn ein Mensch daran leidet, sich selbst nicht bejahen zu können, so zeigt das jedenfalls, dass er sich nicht gleichgültig ist. Wie könnte er sonst das Gefühl haben, minder-wertig zu sein, wenn er nicht ahnte, wie wert-voll er ist? Denn die Tiefe seiner Selbstablehnung ist im Grunde nur eine Spiegelung der Tiefe seiner (ihm nicht bewussten) Selbstbejahung.

Eines ist gewiss: Wer sagt, er könne nicht Ja zu sich sagen, hat zu wenig Einblick in seine eigene Seele, sieht nur auf seine *vordergründige* Realität und nicht auf seine *untergründige* Wirklichkeit. Er gleicht dem, der die Sichel des Mondes für den ganzen Mond hält. Wer sich jedoch zu wenig kennt, der liebt sich auch zu wenig. Und das, was man nicht liebt, erkennt man nicht, erfährt man nicht, zu dem hat man keinen Zugang.

Sich selbst ablehnen ist leicht

Sich ablehnen ist leicht. Sich bejahen kann schwer sein. Das „Negative" drängt sich von selbst auf, das „Positive" nicht. *Doch wenn du dein Leben verneinst, verneinst du alles, was du hast.*

Wenn du dein Leben verneinst, dann sage ich dir (verzeih die harte Rede):
Du leidest nicht genug, dass du dich so wenig kennst.
Es schmerzt dich nicht genug, dass du so wenig mit dir fühlst.
Du empörst dich nicht genug, dass *du* es bist, der dich nicht annimmt.
Du regst dich nicht genug darüber auf, dass du nicht zu dir selber durchdringst.
Du sehnst dich nicht genug nach einem anderen Leben.
Du hast dich allzu sehr daran gewöhnt, dass du weder lebst, wie du es willst, noch auslebst, was du kannst.

Du kennst deinen *Trotz* gegen dich selbst?
Du spürst deine Wut, dass du wegen deiner Minder-
wertigkeitsgefühle so wenig glücklich bist?
Du kennst auch dein *Selbstmitleid?*
Du lässt die *Verzweiflung* darüber zu, dass du dich unsi-
cher, gehemmt, ängstlich durch deine Tage gehen lässt?

Wenn du es wünschst und du es willst, dass dein
ursprüngliches Wesen zum Vorschein kommt, dann muss
es in dir brennen, dann muss es dir wehtun bei dem Gedanken, dass *letztlich* du es bist, der dich verneint.
Du sagst, es seien die *Umstände,* die dich zu dem hätten werden lassen, der du heute seist? Gewiss ist vieles,
was dein Leben beschwert, auf dich zugekommen, ohne
dass du es wolltest. Ganz gewiss! Doch sind nicht *einige*
dieser Umstände, die du als „Schuld" der anderen beklagen möchtest, von dir selbst zugelassen, geduldet, un-
widersprochen hingenommen worden? Wenn das so
wäre, dann könntest du sie ändern, die einen sicher
nicht, die anderen wohl.

Vom Wert des Menschen

In jedem von uns gibt es lebensbejahende *Grund-Gefühle.*
Diese Gefühle gehören zu unserer inneren Ausstattung,
und sie bleiben in uns, solange wir leben. Oft sind sie verborgen, doch immer da, auch das Gefühl, wert zu sein.
Darum gleicht jeder Mensch, der sich nicht wert fühlt,
einer Perle im Staube. Er sieht nicht seinen eigenen
Glanz. Verliert aber jemand an Wert, der diese Gefühle
selber nicht kennt? „Ein Berg, in Nebel verhüllt", hat
Kahlil Gibran einmal gesagt, „ist kein Hügel; eine Eiche
im Regen ist keine Trauerweide."
Was wäre denn dieser Glanz? Das Menschliche in dir,
das leben will und kann: z. B. die Freiheit und die Kreativität, der Mut und die Liebe und manches andere mehr.
Du sagst, da seien doch auch andere Dinge in dir, die
alles andere als sympathisch seien: z. B. die Wut und die
Angst, die Feigheit und die Trägheit, das Egoistische und

das Misstrauen. Das ist bestimmt so. Doch das ist in jedem
so. Das gehört auch zum Menschen. Das gehört zum Gesetz der Polarität. Und das macht dich nicht weniger sympathisch. Wichtig ist nur, diese Dinge zu kennen. Denn –
seltsam genug – nur in dem Maße, in dem wir die dunklen Seiten in uns kennen, erkennen wir auch deren
Gegenpole.

Du sagst auch, die Gaben seien doch unterschiedlich
verteilt, und deine seien ja nicht von besonderer Art.
Wonach bemisst du denn den Wert eines Menschen, also
auch den eigenen?

An dem, was ein Mensch hat?
An dem, was er kann?
An dem, was er gilt?
An seiner Glückserfahrung?
An seiner Leiderfahrung?
An seinem Erfolg?

Gibt es überhaupt ein Maß zur Beurteilung eines Menschen? Gibt es etwa einen Menschen, der *autorisiert* wäre,
ein solches Maß einem anderen anzulegen? Gäbe es
überhaupt ein solches Maß, dann wäre es nur dieses: das,
was ein Mensch selbst aus seinem Geschick und aus sich
selbst gemacht hat. Doch wer wollte das an einem anderen beurteilen?

Kein Mensch ist mit einem anderen vergleichbar

Jeder weiß, dass kein Daumenabdruck einem anderen
gleicht: ein körperliches Symbol für die Einzigartigkeit
des Menschen. Nicht jeder weiß, dass es auch ein seeli-
sches Symbol für seine Unverwechselbarkeit gibt. Wir finden es in „Wertorientierten Imaginationen", auf „Wande-
rungen" ins Unbewusste, auf denen wir das ursprüngliche
Bild eines Menschen suchen. So sehen wir nicht nur, dass
jeder Mensch weit mehr Begabungen, Fähigkeiten und
Ausstrahlung hat als ihm bewusst ist – , wir sehen auch,
dass kein ursprüngliches Bild einem anderen gleicht.

Das bedeutet:
Kein Mensch ist einem anderen gleich.
Jeder hat seine eigene Prägung.
Jeder hat seine eigene Geschichte.
Jeder hat sein eigenes Schicksal.
Jeder hat seine eigene Verweigerung.
Jeder hat seine eigene Bejahung.
Jeder hat seinen eigenen Sinn.

Und daher gilt:
Du kannst dich mit keinem anderen vergleichen.
Du darfst dich mit keinem anderen vergleichen.
Und das bedeutet wieder:
Letztlich kann kein Mensch in seinem Wert von einem anderen beurteilt werden, weil keiner mit einem anderen vergleichbar ist.

Denk über diese Sätze nach. Nimm sie in dich auf. Lass sie in dir wirken. Nicht nur heute. Immer wieder.

Immer wieder denke ich an die Weisheit des Rabbi Sussja, von der Martin Buber, der Weise aus Jerusalem, erzählte: Vor seinem Tode habe der Rabbi Sussja gesagt, in der kommenden Welt werde man ihn nicht fragen, warum er nicht Mose gewesen, man werde ihn vielmehr fragen, warum er nicht Sussja gewesen sei.

Wie aber kommt man dazu, sich in seiner Einzigartigkeit zu erkennen? Dazu noch einmal Buber: „In jedermann ist etwas Kostbares, das in keinem anderen ist. Was aber an einem Menschen ‚kostbar‘ ist, kann er nur entdecken, wenn er

* sein *stärkstes Gefühl,*
* seinen *zentralen Wunsch,*
* das in ihm, was sein *Innerstes* bewegt,
  wahrhaft erfasst.“

Es gibt Worte, die man tausendmal lesen, bedenken, durchdenken, erfühlen, mit anderen besprechen und vor allem in der Stille auf sich wirken lassen muss. Dieses Wort ist eines davon.

Jeder Mensch hat seine eigene Aufgabe

Ich bin mir selbst gegeben – und keinem anderen. Setz dich mit diesem Satz auseinander. Denk nicht nur über ihn nach. Lass ihn auf dich einwirken. Lass dieses Wort tief ins Gefühl hinein, weil es nichts Wichtigeres gibt als dieses: im Herzen zu verstehen und zu fühlen, dass dein Leben *dir* gegeben wurde.

Wenn ich beginne, das zu verstehen, fange ich an, weniger auf andere und mehr auf mich selbst zu sehen, mich weniger zu vergleichen und mehr danach zu fragen, wer *ich* bin, was *ich* kann, was ich will, was *ich* brauche, was *mir* vom Leben aufgegeben ist.

Und daraus folgt:

Das Leben stellt jedem Menschen „eine *eigene, besondere, unverwechselbare* Aufgabe", wie Hermann Hesse gesagt hat, und deshalb gibt es auch nicht „eine angeborene oder vorherbestimmte Untauglichkeit zum Leben".

Auch der Mensch, der es nicht leicht im Leben hat, kann echt und selbstbewusst leben, wenn er darauf zu sehen beginnt,

*   wo seine *Grenzen* sind
*   und seine *Möglichkeiten*
*   und wo der „*Ort*" im Leben ist, zu dem er gehört.

Es ist möglich, diese Aufgabe zu finden, wenn man auf seine innere Stimme hört, auf die Stimme, die aus dem Innersten kommt, wenn man so lange auf sie hört, bis sie Antwort gibt.

Jeder Mensch, der seine eigene Aufgabe gefunden hat, strahlt etwas aus, was unverwechselbar ist – etwas Besonderes, etwas besonders Menschliches. Und diese Ausstrahlung wirkt auch auf andere attraktiv.

Ein ganz wichtiges Gespräch

Es gibt ein Gespräch, das niemand hört und kaum jemand als Gespräch erkennt. Es findet an einem Ort statt, den jeder kennt und der doch nur wenigen vertraut ist.

Es findet ständig statt und bestimmt unser Dasein wie nichts anderes.

Ich denke an das Zwiegespräch in unserer eigenen Seele, an das Für und Wider der Gedanken und Gefühle, an das Hin und Her zwischen Zögern und Entscheiden. Es ist das Gespräch zwischen dem *Jasager* in uns, der das Leben will und sucht, und dem *Neinsager* in uns, der sich weigert, zu hoffen und zu glauben, dass Leben geht und gut sein kann.

Studiere sie doch, diese großen Kräfte. Du musst sie erkennen, musst sie erfühlen, weil sie es sind, die dich – vom Grund her – lenken. Und frag dich vor allem, welcher von beiden du dich anvertrauen willst.

Frag dich zunächst, was in dir ist und dich ständig verneint. Hörst du den *Neinsager* in dir, der gegen dich aufbegehrt? Der seine fremden kalten Lieder von Schwäche und Kleinheit, von Schuld und Versagen immer wieder anstimmt und der immer lauter wird?

Frag dich konkret, was du an dir verneinst, und frag dich auch, ob das so stimmt.

Hör dann auf den *Jasager* in dir, der darauf wartet, dass du dich ihm zuwendest. Er kann dir sagen, was ursprünglich zu dir gehört und was darauf wartet, dass du es endlich lebst: die Freiheit und die Liebe, den Mut und das Vertrauen und alle anderen Gründe zum sinnvollen Leben.

Sich die „Welt" zur Heimat machen

Doch geh nicht nur nach innen, geh auch nach außen. Wer sich nicht selbst bejaht, bejaht auch die anderen nicht, erlebt die „Welt" als Fremde und fühlt sich nicht zu Hause. Mach dir die „Welt" zur Heimat, und du wirst sehen, wie dadurch das Ja auch zu dir *selbst* sich verstärkt. Das heißt?

Nimm Anteil am konkreten Leben, und nicht nur in Gedanken. Teile dich mit, und nicht nur in Worten. Arbeite mit an dem, was du in deiner *Umgebung* andere tun siehst. „Leben heißt, etwas Aufgegebenes erfüllen;

und in dem Maße, wie wir es vermeiden, unser Leben an etwas zu setzen, entleeren wir es", hat der Philosoph Ortega y Gasset gesagt. Und Sigmund Freud war davon überzeugt: „Menschen sind stark, solange sie eine starke Idee vertreten; sie werden ohnmächtig, wenn sie sich ihr widersetzen." Welche Idee oder Aufgabe das sein kann? Würdest du mich für dich danach suchen lassen, wärest du von deinem Wunsch nach Veränderung noch weit entfernt. Dann wärest du noch nicht motiviert genug, selbst etwas für dich zu tun. Du sagst, man will dich nicht. Hörst du den Neinsager in dir? Du sagst, du kannst das nicht. Hörst du ihn wieder? Und wenn dem so wäre: Die großen Revolutionen begannen immer dann, wenn die Sonne über dem Leben von Menschen ihren Tiefpunkt erreicht hatte.

So wenig wie möglich ausweichen

Weich so wenig wie möglich aus – vor Menschen nicht, vor Aufgaben nicht, vor Glücksmöglichkeiten nicht – vor allem vor dem Neinsager in dir nicht. Denn jede freie und verantwortliche Entscheidung, die zur Tat wird, ist *gelebte* Freiheit und *gelebte* Verantwortung. Und jede gelebte Freiheit und Verantwortung ist die *Basis* für Selbstbejahung. Um diesen zentralen Gedanken Wirklichkeit werden zu lassen, empfehle ich dir die folgende kleine, jedoch höchst wirksame „Übung":

Vergegenwärtige dir über einen Zeitraum von vier Wochen an jedem Abend, worvor du am Tage ausgewichen bist, und mach dir darüber stichwortartige Aufzeichnungen. Ließest du dich auf diese Übung ein – sie dauert nicht länger als zehn Minuten –, würdest du schon bald sensibilisiert werden für deine möglichen „Fallen" und allein dadurch der einen oder anderen Niederlage entgehen. Vor allem aber würde dich schon bald ein „heiliger" Zorn darüber packen, was du dir von dir selbst ständig an Unterhöhlung deines Selbstvertrauens gefallen lässt. Wahrscheinlich würdest du daraus Konsequenzen ziehen.

Werte zu Magneten werden lassen

Ein Mensch wächst in dem Maße über sich hinaus, in dem er in sich hineinwächst. In dem Maße, in dem du denkst, fühlst, sagst und tust, was *dir* entspricht, kommst du zu dir, bist du bei dir, stehst du zu dir, entwickelst du Stehvermögen. Denn niemand ist schwächer als der nur von außen gesteuerte Mensch. Wer sich *selbst* verleugnet, verhindert, dass sich die Türen zu jenen inneren Kammern öffnen, in denen die Kräfte lagern, die stärker sind als alle äußeren Mächte. Konkret:

Schließ einmal die Augen und lass dir Einfälle zu der Frage kommen: *Was wäre, wenn ich mutiger wäre und also weniger Angst vor dem Urteil der Menschen hätte?*

Mir kommen dazu diese Einfälle: *Ich wäre weniger bekümmert. Mir wäre leichter ums Herz. Ich würde mehr wagen. Ich würde mir manchen langersehnten Wunsch erfüllen. Ich würde mich selbst mehr herausfordern. Ich würde leichter auf Menschen zugehen. Ich würde ihnen häufiger sagen, was ich denke. Ich hätte weniger Angst vor ihnen. Ich hätte auch weniger Angst vor dem Leben. Ich könnte leichter an die Liebe glauben. Ich würde selbst mehr lieben usw.*

Teilnehmer von Gruppen, die sich auf diese oder ähnliche Fragen einließen, haben die Erfahrung gemacht, dass bereits ein längeres Sich-Einlassen zu einer vorübergehend erstaunlichen Wirkung führte. Warum? Weil spezifisch menschliche Werte wie z. B. der Mut, die Freiheit oder die Liebe eine hohe Anziehungskraft haben, sofern man sich emotional auf sie bezieht. Und warum ist das so? Weil diese Werte tief in uns verwurzelt sind, weil sie – davon war schon die Rede – zu unserer inneren Ausstattung gehören, auch wenn uns diese Tatsache selten bewusst ist.

Man kann solchen Werten auch auf andere Weise näherkommen:

Ob du noch einmal die Augen schließt?

Lass alle störenden Gedanken, so gut es eben geht, abfließen.

Dann schau auf deinen inneren Horizont und lass z. B. das Wort „Mut" kommen.

Trau deiner Seele zu, dass sie dir neue Gedanken und neue Gefühle zum Mut mitteilt. Lass dir Zeit, damit sie sich zeigen und in dir wirken können (die innere Welt kennt nämlich keinen Stress). Vielleicht zeigen sich auch Bilder. Und wenn du sie siehst, dann schau sie dir lange genug an, denn Bilder dieser Art lösen nicht nur Gefühle, sondern auch Gefühlskräfte aus. Lass dir für diese „Übung" mindestens eine Viertelstunde Zeit.

Ich bin, was ich sage

Sprache ist Ausdruck der Seele, jedenfalls die Sprache, die Menschliches zum Aus-Druck bringt. Zugleich aber beeinflussen Worte auch die Seele. Es gibt daher Sätze, die uns niederziehen, und solche, die uns aufrichten. Zunächst einige Beispiele, auf die wir *verzichten* sollten, wenn wir lernen wollen, uns selbst zu bejahen:

Ich bin ja doch nichts wert ...
Ich glaube nicht, dass ich das kann ...
Dazu bin ich nicht geeignet ...
Das kann ich nie ...
Ich bin nun mal ein Pechvogel ...
Darüber komme ich nie hinweg ...

Sätze solcher Art stellen sich bei einem Menschen, der sich selbst verneint, von selbst ein. Er muss sie nicht rufen. Sie laufen in ihm mehr oder weniger ständig ab. Sie treiben ihn dorthin, wohin er nicht will: in eine noch tiefere Selbstablehnung. Sie sind eine ständige Selbstsuggestion und verfehlen daher im Laufe der Zeit ihre negative Wirkung nicht.

Ebenso wenig verfehlen positive Sätze ihre Wirkung, die ein Mensch bewusst kommen lässt. Auch sie können zu Selbstsuggestionen werden, die allerdings eine erfreuliche Wirkung haben. Wichtig ist nur, dass sie über einen längeren Zeitraum und im vorbewussten Zustand – vergleichbar dem auf der Schwelle zwischen Schlaf und Erwachen – herbeigerufen werden. Sätze wie:

Ich bin ich ...
Auch ich hab meine Qualitäten ...
Ich bin mit keinem anderen vergleichbar ...
Ab heute werde ich immer mehr mein Freund ...
Schluss mit der Traurigkeit!
Kein tragisches Gebaren!
Das werde ich schon schaffen ...
Dieses Mal wird's gutgehen ...

Dem Leben vertrauen

Es gibt keine Selbstbejahung ohne Bejahung des ganzen Lebens. Zweifellos hängt die Lebensbejahung vor allem von der Selbstbejahung ab, weil aus Selbst-Sicht Welt-Sicht wird. Doch zeigt die Erfahrung, dass auch dann, wenn ein Mensch trotz seiner Selbstunsicherheit dem Leben hin und wieder zu vertrauen *wagt*, sich dieses Vertrauen auch auf ihn *selbst* auswirkt.

Was wäre denn Vertrauen ins Leben?

Vertrauen darauf, dass ich nicht verarme, dass ich nicht allein bleibe, erkranke oder frühzeitig sterbe, dass mich mein Partner nicht verlässt, dass ich vor Leid bewahrt bleibe?

Wäre das gemeint, dann hätte wohl niemand Grund zu diesem Vertrauen. Denn die Vögel der Dunkelheit ziehen ständig ihre Kreise über den Orten der Menschen und lassen sich täglich auf dem einen oder anderen Dach nieder.

Dem Leben vertrauen – das hieße, darauf zu vertrauen,
dass ich mit dem Unglück nicht eins werde,
dass ich immer mehr bin als das, was auf mir lastet,
dass die Vögel des Lichtes immer wiederkehren und
sich nicht immer von ihren dunklen Artgenossen
vertreiben lassen,

dass ich von der (inneren) Wirklichkeit mehr erwarte
als von der (äußeren) Realität,
dass ich mich im Leben zu Hause fühle trotz allem,
was Tod im Leben ist.

Dem Leben vertrauen – das ist die im Herzen verwurzel-
te Hoffnung darauf, dass der Sinn-Fluss durchs Leben
zieht und dass er weiterfließt, auch wenn ich ihn manchmal nicht sehe.

Jeder Mensch hat seinen eigenen Glanz

Es war einmal ein kleiner Junge, der auf einem grünen
Hügel in einer Hütte lebte. Er war zwar glücklich, doch
da gab es etwas, was er nicht hatte und mehr als alles andere herbeisehnte. Wenn der Tag sich neigte und die
Sonne sank, saß er vor seinem Haus und schaute – weit
über das Tal hinweg – hinüber zu einem anderen Haus,
das für ihn schöner war als alle Häuser, die er je gesehen
hatte. Es hatte goldene Fenster, die wie Diamanten leuchteten. Der Anblick verzauberte ihn so sehr, dass er sich
nichts mehr wünschte, als einmal in diesem Hause wohnen zu dürfen. Und als er alt genug war, um allein auf
Wanderschaft gehen zu können, beschloss er, es kennenzulernen.

An einem warmen Nachmittag machte er sich auf den
Weg, und als er endlich ankam, war die Sonne schon unter-
gegangen. Seine Enttäuschung war riesengroß, als er aus
der *Nähe* sah, wonach er sich aus der *Ferne* so gesehnt hatte:
Er sah gar kein Gold in den Fenstern, und das Haus seiner
Träume war nur eine einfache Hütte. Und weil es schon zu
spät zur Heimkehr war, behielten ihn der Mann und die
Frau, die in dem Hause wohnten, über Nacht bei sich.

Riesengroß war allerdings seine Überraschung, als er
am nächsten Morgen aus dem Fenster sah: Dort, woher
er kam, jenseits des Tales, sah er wieder ein Haus mit gol-
denen Fenstern, die wie Diamanten leuchteten – so
schön wie das, nach dem er sich so lange gesehnt hatte.

Voll Freude lief er den Weg zurück – hin zu dem Haus, das sein *eigenes* war.

Zehn Leitsätze zur Selbstbejahung

1. „Ein Berg, in Nebel verhüllt, ist kein Hügel; eine Eiche im Regen ist keine Trauerweide." (Gibran)
2. Wer sich selbst verneint, sollte sich bewusst machen, wie er sich selbst durch die Tage gehen lässt – und sich darüber *empören*. Denn wer sich selbst verneint, verneint alles, was er hat.
3. *Kein* Mensch ist mit einem anderen vergleichbar. Daher kann keiner einen anderen beurteilen.
4. „In *jedermann* ist etwas Kostbares, das in keinem andern ist. Was aber an einem Menschen ‚kostbar' ist, kann er nur entdecken, wenn er sein stärkstes Gefühl, seinen zentralen Wunsch, das in ihm, was sein Innerstes bewegt, wahrhaft erfasst." (Buber)
5. Weil der Mensch nicht nur ein Individuum, sondern auch ein Gemeinschaftswesen ist, wird er nur mit sich eins, wenn er *beides* lebt. Deshalb ist die Übernahme von Aufgaben in der „Welt" eine wichtige Voraussetzung für Selbstbejahung. Und: Jeder Mensch hat im Leben seine eigene Aufgabe.
6. Wer so wenig wie möglich ausweicht, ist so frei wie möglich.
7. Es ist wichtig, Werte zu *Magneten* werden zu lassen, z. B. den Mut, die Freiheit oder die Liebe.
8. Ich *bin*, was ich *sage*. Daher gilt: Wer ständig niederziehende Gedanken und Worte zulässt, erliegt auf Dauer ihrer negativen Wirkung. Wer dagegen nach ermutigenden Gedanken und Worten sucht und sie findet, baut sich auf Dauer auf.
9. Es gibt keine Selbstbejahung ohne *Vertrauen* ins Leben.
10. Von zentraler Bedeutung ist, den *Neinsager* und den *Jasager* in sich kennenzulernen. Der *Neinsager* drängt sich von selbst auf, den *Jasager* muss man *suchen*.

Ich verstehe dich, du verstehst mich

Nichts im Leben ist wichtiger als Sinnfindung. Eine ihrer wichtigsten Voraussetzungen ist gutes Verstehen von Mensch zu Mensch. Verstehen aber entwickelt sich nur dann, wenn Menschen verständnisvoll miteinander sprechen. Daher haben die meisten Probleme und Konflikte, die die Sinnfindung einschränken oder behindern, ihre Ursache in misslingenden Gesprächen. Und das müsste nicht sein. Denn es gibt Voraussetzungen und „Spielregeln" für gelingende Kommunikation. Im Folgenden ist nicht von Small Talk oder Konversation die Rede. Diese gesellige Form des Redens kann leicht, unterhaltsam und vergnüglich sein. Sie ist auch notwendig, weil niemand ständig „tiefschürfende" Gespräche führen kann, ohne auf Dauer seine Leichtigkeit zu verlieren. In diesem Buch soll jedoch von *weiterführenden* Gesprächen die Rede sein, d. h. von solchen, in denen Probleme gelöst, Beziehungen verbessert und neue Perspektiven gemeinsamen Lebens gesucht werden.

Von der Macht der Worte

Sie kennen das: Worte können anstacheln und aufrütteln. Sie können verführen und umstimmen. Manche treffen ins Herz. Manche verschließen oder öffnen den Mund. Wieder andere treffen uns wie ein Keulenschlag oder wirken wie ein reinigendes Gewitter. Manchmal können Worte uns bewegen oder ergreifen. Manchmal führen sie uns weiter. Einige ärgern und verletzen uns, versetzen uns in Wut oder machen uns krank. Andere richten uns auf, beglücken oder berauschen uns, erfreuen und erwärmen unser Herz. Dann sind da jene kostbaren Worte, die wie Balsam für unsere geschundene Seele sind und uns heilen. Und wie glücklich sind wir über jedes erlösende Wort! Anders die Worte, die die Wahrheit verbergen, die falsche Vorstellungen wecken und in die Irre führen, die die eigene Seele von sich selbst entfremden und sie niederziehen. Wie befreiend dagegen sind Worte, die Unwahres aufdecken und Verworrenes klären.

Worte wirken, Worte wirken sich aus. Worte sind Mächte, die uns und andere und die Welt verändern können. Jedes Wort, das Menschliches meint, wirkt in uns, wirkt auf andere und wirkt wieder auf uns selbst zurück.

Worte, die wir zum Aus-Druck bringen, sind Ausdruck der Seele und des Geistes. Sie spiegeln wider, was wir denken, empfinden und fühlen. Sie spiegeln wider, was in uns vorgeht. Sie begründen auch den größten Teil unserer Wirkung auf andere.

Die wichtigste Voraussetzung für ein gutes Gespräch

Ich liebe das Gespräch. Das Gespräch mit mir selbst und mit anderen. Ich liebe es deshalb, weil es mir die Möglichkeit gibt, als Mensch nicht stehen zu bleiben, sondern weiterzukommen. Und das ist möglich! Da ist nur ein Problem. Denn: „Zwei Seelen wohnen, ach, in meiner Brust." Dieses Wort, das oft lächelnd zitiert wird, hat einen tiefen Ernst. Was bedeutet es?

Das Gespräch mit mir selbst ist ein Zwiegespräch, das in meiner eigenen Seele stattfindet. Von ihm hängt ab, wie meine Gespräche mit anderen verlaufen. Dieses Innen-Gespräch ist die Auseinandersetzung zwischen dem *Lebensverneiner* und dem *Lebensbejaher* in mir. Wie oft sagen wir Dinge, die wir gar nicht sagen wollen. Wie oft sagen wir glücklicherweise auch Sätze, zu denen wir stehen können. Das wussten schon immer die Märchen und Träume. Das wusste auch der Mythos – jene Sammlung von Erzählungen über die vorgeschichtliche Zeit, die Auskunft geben über das Wesen des Menschen, der Welt und ihrer Ursprünge. Es scheint nur so, als spräche in uns *eine* Stimme. Doch das ist eine Täuschung. Deshalb ist es wichtig, diese beiden so unterschiedlichen Stimmen zu kennen, damit wir uns selbst besser kennenlernen und schließlich den Sinn des Lebens finden können.

Der *Lebensverneiner* in uns lehnt alles ab: uns selbst, die Welt, das Leben. Der *Lebensbejaher* dagegen nimmt alles an: uns selbst, die Welt, das Leben.

Je mehr ein Mensch unter dem Diktat des *Lebensverneiners* denkt, fühlt, spricht und handelt, desto weniger gelingt ihm sein Leben, denn seine Gespräche mit anderen verlaufen in der Regel negativ. Die Folge? Die anderen werden ihn aller Voraussicht nach kaum oder gar nicht akzeptieren. Mangel an Akzeptanz aber ist eine der wichtigsten Quellen für Sinnmangel, und Sinn ist – darf ich es wiederholen? – das stärkste Motiv im Leben.

Je mehr sich ein Mensch dagegen auf den *Lebensbejaher* einlässt und sich mit ihm „verbündet", desto offener und freier kann er sich mit anderen verständigen. Die Folge? Er wird akzeptiert und findet daher leichter die Quellen des Sinns.

Nun zeigt die Erfahrung, dass sich leider der *Lebensverneiner* von selbst aufdrängt, der *Lebensbejaher* nicht. Er will gesucht werden. Für ihn müssen wir uns entscheiden. Das gilt nicht für alle Gedanken und alle Sätze, die wir sagen, gewiss aber für alle, die Menschliches betreffen.

Die Erfahrung zeigt auch, dass wir dem Lebensverneiner nicht einfach ausgeliefert sind. Wir können lernen, mit ihm so umzugehen, dass er uns nicht beherrscht. Wodurch?

Dadurch,
• dass uns das innere Zwiegespräch überhaupt bewusst ist,
• dass uns darüber hinaus bewusst ist, ob wir unsere Gedanken und Gefühle auf Störendes oder Aufbauendes, auf Enttäuschungen oder Hoffnungen, auf Streit oder Frieden, auf Unsinn oder Sinn ausrichten,
• dass wir unseren Geist – er ist bekanntlich das innere „Steuerorgan" des Menschen – bewusst auf all das ausrichten, was uns, andere und das ganze Leben fördert, d. h. auf den Lebensbejaher in uns.

Heißt das etwa, dass wir, was immer uns in uns selbst oder bei anderen begegnet, schönfärben sollen? Keineswegs. Der Verneiner erkennt vieles, was nicht in Ordnung oder gar sinnlos ist, durchaus richtig, und der Bejaher bestreitet das nicht. Im Gegensatz zum Verneiner aber liegt dem Bejaher daran, trotzdem Ja zum Leben zu sagen und aus allem das Beste zu machen.

Was gehört denn alles zum „Herrschaftsbereich" des Verneiners? Z. B. die Angst und die zerstörerische Aggressivität, die moralische Überheblichkeit und die Rechthaberei, die Eitelkeit und die Sucht nach dem Besonderen, die Arroganz, die Brutalität, die Antriebsunlust.

Und was gehört zum Bereich des Bejahers? Z. B. die Freiheit und die Liebe, das Engagement und die Verantwortung, die Geduld und die Gelassenheit, die Wahrhaftigkeit und der Mut, die Echtheit und die Güte, die Weisheit und die Heiterkeit.

Anregungen für ein gutes Gespräch

Vorbemerkung: Darf ich Sie bitten, liebe Leser, sich für die folgenden Zeilen zu öffnen und sie nicht gleich realitätsfern zu nennen? Gewiss wird es immer Gespräche geben, die schwierig sind und bleiben. Gewiss gibt es jedoch auch Möglichkeiten, manche „Realitäten" anders als bisher zu bewältigen. Vor einem wichtigen Gespräch ist es mir eine Hilfe, *eine Weile allein zu sein und mich zu sammeln.* Zunächst lasse ich die Gedanken zu, die mich während des Gesprächs stören könnten. Die meisten ziehen sich von selbst zurück, wenn ich ihnen Beachtung geschenkt habe.

Dann lasse ich meinen Gesprächspartner vor mein inneres Auge kommen, denke und fühle mich in ihn hinein und überlege, was für ihn im Gespräch wichtig sein könnte. Das Gleiche gilt selbstverständlich auch für mich.

Besonders bemühe ich mich darum, keine Aggressionen gegen ihn aufkommen zu lassen, denn sie verhindern die wechselseitige Offenheit.

Von H. L. Gee stammt diese Geschichte: „Das ist heute euer Modell", sagte der Zeichenprofessor, „eine Vase, ein Apfel oder ein Brot. Ich gruppiere sie so ... sehr gut ... nun verdunkle ich das eine Fenster ... bitte, ziehen Sie doch den anderen Vorhang etwas beiseite ... das wird gehen ... gut. *Sie sehen, meine Damen und Herren, wir müssen unser Modell immer im besten Licht sehen.* Das ist ein Grundsatz in der Zeichenkunst und ein Grundsatz im Leben überhaupt. Bevor wir eine Person beurteilen, müssen wie sie zuerst ins beste Licht rücken. Das verborgene Gute kann dann besser zum Vorschein kommen ... Und jetzt wollen wir beginnen".

Wer ein Gespräch über Menschliches so beginnt, dass er dem anderen gegenüber von vornherein zum Beispiel skeptisch, misstrauisch, übervorsichtig, aggressiv, d. h. mit einer negativen Einstellung, begegnet, entwickelt ein Klima, in dem weder er selbst noch der andere frei und offen sein kann. Dann fühlt sich weder er selbst noch sein Gesprächspartner wohl. Wer dagegen mit jener Einstellung ins Gespräch geht, wie sie der Professor demonstrierte, bildet von vornherein eine Brücke zwischen sich und dem anderen.

Nur dann, wenn *beide* Gesprächspartner über eine Problemlösung miteinander sprechen *wollen*, haben sie gute Chancen, ihr Gespräch zu einem befriedigenden Ende zu führen. Ist nur einer unwillig, so gleichen sie zwei Pferden vor einem Wagen, von denen das eine den Wagen ziehen will, das andere nicht. Wozu das führt, ist vorstellbar. Von größter Wichtigkeit für ein gutes Gespräch ist die Bewusstwerdung der Tatsache, dass kein Mensch dem anderen gleicht. Jeder hat seine eigenen Gene, seine eigene Lebensgeschichte und seine eigene Weise, mit seinen biologischen und psychischen Gegebenheiten umzugehen. Ich spreche von seiner Freiheit. Darüber hinaus gehört jeder Mensch einem bestimmten Typus an, der ganz erheblich sein Denken, Empfinden, Fühlen und Handeln bestimmt.

Was bedeutet das im Allgemeinen?

Ich sehe mich, die Menschen, die Welt in der *mir* eigenen Art, und jeder andere sieht sie auf *seine*. Es gibt auf der ganzen Welt nicht zwei Menschen, deren Blick auf das Leben und deren Anschauung von Leben identisch wären. Diese Tatsache ist zwar *theoretisch* bekannt, doch sind nur wenige mit ihr *vertraut*.

Wenn also zwei Menschen miteinander über Probleme und Konflikte sprechen, so steht von vornherein fest, dass sie das, worum es geht, aus *unterschiedlichen* Perspektiven beurteilen. Daher ist es verständlich, wenn sie von der Voraussetzung ausgehen, dass das, was sie denken, das einzig Richtige sei. Und daraus resultiert der weitaus größte Anteil von Streit.

Was bedeutet das für die Kunst des Gesprächs?

Etwas sehr Anspruchsvolles und doch ungemein Befreiendes. Davon soll im Folgenden die Rede sein.

Mir ist kein Mensch bekannt, der nicht beglückt wäre, wenn ihm ein anderer aufmerksam zuhörte. So viele sind es jedoch nicht, die so zuhören, dass sich der andere dabei wohlfühlt.

Gutes *Zuhören* ist zunächst die Bereitschaft, den anderen nicht zu unterbrechen und ihn aussprechen zu lassen. Gutes Zuhören ist darüber hinaus die Fähigkeit, die eigenen Meinungen und Vorstellungen eine Weile zurückzustellen und sich in das einzudenken und einzufühlen, was der *andere* denkt und fühlt. Das bleibt dem Sprechenden nicht verborgen und führt dazu, dass er offener wird und vielleicht Dinge ausspricht, die ihm selbst bislang nicht klar waren. Das ist für den Hörenden interessant und aufschlussreich und der erste Schritt, sein Gegenüber verstehen zu können. Nicht nur das: Er selbst fühlt sich wohl, weil er bemerkt, dass der Sprechende eine Brücke zu ihm zu bauen beginnt.

Wenn einer dem anderen aufmerksam zuhört, entwickelt sich in beiden nicht nur *Offenheit* füreinander, sondern auch *Achtung* voreinander und damit *Vertrauen* zueinander. Und diese drei Haltungen gehören zu den *Grundlagen* für ein gelingendes Gespräch. Denn sie lassen das nicht zu, wodurch so oft Gespräche zur Farce werden: Taktik, Strategie, Verschleierung, Diplomatie und vor allem das Schuldverschiebespiel.

Dieses „Spiel" ist uralt. Es begann im alten Israel damit, dass Menschen sich ihres Versagens und Fehlverhaltens bewusst wurden, es jedoch, bevor sie sich mit ihm auseinandergesetzt hatten, dem berühmten „Sündenbock" aufbürdeten. Die Idee war faszinierend, die Praxis wenig befriedigend. Bald ging den sensibleren Zeitgenossen von einst auf, dass eine solche Entladung keineswegs die erhoffte Befreiung brachte.

Seltsamerweise können selbst wir Aufgeklärten von diesem Spiel nicht lassen. Wir bemühen zwar keinen Bock mehr, sondern in der Regel Menschen, die sich für „Projektionen" eignen. Doch befreiend sind auch sie nicht. *Was wäre denn befreiend?* Fragen sind wichtig, vor allem diese: Was gestehe ich ungern ein, auch mir selbst? Denn all die Ungereimtheiten, die ich in mir unter Verschluss halte, sind für das Verschiebespiel besonders „geeignet". Oder: Kann es sein, dass das, was mich an dem anderen ärgert oder aufregt, mein eigenes Problem ist, das ich auf ihn übertragen habe?

Zweifellos verliefen viele Gespräche viel freundlicher, produktiver und heilsamer, wenn wir so weit wie möglich auf dieses unwahrhaftige Spiel verzichteten. Wie viele strapaziöse Machtkämpfe fänden nicht statt! Wie viele Aggressionen blieben aus! Wie viele Gefühle von Überlegenheit und Unterlegenheit würden *nicht* die Gespräche vergiften.

Wie gut tun uns Menschen, die uns nicht bewerten, sondern uns sein lassen. Sie sind Balsam für die Seele. Und ihre Ausstrahlung hat gute Folgen: Wir öffnen uns. Wir sind hörwillig. Wir sind dem anderen zugewandt. Wir sind selbstkritisch. Wir sind wahrhaftig. Und seltsam: Gerade weil sie uns sein lassen, wie wir sind, und nicht an uns „herumkritteln", fällt es uns leicht, an uns zu verändern, was änderungsbedürftig ist.

Wenn Menschen Menschen nicht bewerten, entsteht ein heilendes Klima. Dann fühlen sie sich angenommen. Dann nehmen sie sich selbst an. Dann nehmen sie andere an. Dann sprechen sie gern. Dann leben sie gern.

Es gibt zwei Formen von Sprache. Die eine nennen wir die *instrumentale,* die andere die *mediale.* Die *instrumentale* ist vor allem rational, logisch, analytisch, abstrakt, die *mediale* dagegen gefühlvoll, intuitiv, bildhaft. In Gesprächen, in denen es um Problem- und Konfliktlösungen geht, sind selbstverständlich beide Formen gefragt. Wichtig ist nur, dass beide in einem ausgewogenen Verhältnis zueinander zur Sprache kommen.

Spricht jemand nur gefühlvoll, dann hat er nicht hinreichend die Tatsachen im Blick. Spricht jemand nur rational, so übersieht er, dass alle Gedanken und Handlungen Gefühle auslösen – und seien sie noch so unbewusst.

Ich gebe Ihnen ein Beispiel für ein Gespräch, in dem ein Mann primär instrumental und die Frau primär emotional spricht. Sie, liebe Leser, werden rasch erkennen, warum die beiden sich nicht verstehen.

Sie: Ich fühle mich seit Langem nicht mehr wohl bei dir.
Er: Wieso denn? Du hast doch alles. Wir haben ein schönes
Haus. Wir haben genug Geld. Wir sind gesund. Es geht uns
doch gut.
Sie: Aber ich fühle mich trotzdem unglücklich.
Er: Das musst du mir schon erklären!
Sie: Ich fühle mich irgendwie von dir vernachlässigt. Ich komme
mir so überflüssig vor.
Er: Was heißt „vernachlässigt"? Ich rauche nicht. Ich trinke
nicht. Ich bin nicht im Kegelclub. Ich bin immer so oft wie mög-
lich zu Hause. Und ich soll dich vernachlässigen?
Sie: Siehst du: Ich möchte mit dir reden, und du schimpfst nur.
Er: Das nennst du „schimpfen"? Ich nenne nur die Tatsachen
beim Namen.
Sie: Du mit deinen Tatsachen! Du kommst mir manchmal vor
wie ein Roboter.
Er: Tatsache ist, dass du mir nicht klipp und klar sagen kannst,
warum du dich bei mir nicht wohl fühlst.

Beide Sprachformen können auch zusammenfließen:

Sie: Ich fühle mich seit Langem nicht mehr wohl bei dir.
Er (schweigt, dann): Das tut mir leid. Woran mag das liegen?
Sie: Du bist zwar oft zu Hause, aber wenig bei mir.
Er: Ich verstehe dich noch nicht ganz.
Sie: Du bist, scheint mir, in Gedanken oft im Geschäft: bei dei-
nen Kunden, bei deinem Ärger, bei deinen Zahlen.
Er (nachdenklich, dann nach einiger Zeit): Das kann schon
sein. Wahrscheinlich hast du recht.
Sie: Kürzlich habe ich geträumt: Wir beide sind in der Wüste
und suchen vergeblich nach Wasser.
Er (bedrückt): Ich verstehe. Dass es so weit mit uns gekommen
ist ... Aber auch ich komme mir manchmal wie ein trockner
Schwamm vor.
Sie: Kannst du gar nichts an deinem Stress ändern?
Er: Das ist nicht leicht. Ich will versuchen, einiges zu ändern –
schon dir zuliebe.
Sie: Woran denkst du?
Er: Zum Beispiel daran, eher nach Hause zu kommen, das neue

Projekt dem neuen Kollegen zu überlassen. Vor allem will ich darüber nachdenken, warum ich dich so wenig im Blick hatte.

Ich schätze in Gesprächen die *Frage.* Nicht, um den anderen auszufragen oder mich eigenen Meinungen zu entziehen. Ich schätze sie, weil ich von der Voraussetzung ausgehe, dass das, was ein Mensch äußert, oft nur die Oberfläche dessen ist, was wirklich in ihm vorgeht. Denn die Seele ist ein „Speicher" und Netzwerk von Gedanken- und Gefühlsvarianten von unermesslicher Weite. Anders gesagt: Sie ist äußerst vielstimmig, viel meinend und vielsagend. Deshalb ist das, was ein Mensch *zunächst* zum Ausdruck bringt, nur ein Bruchteil dessen, was in ihm tatsächlich vorgeht.

Wichtig ist auch, nicht nur auf den allgemeinen Gesprächsverlauf, sondern auch auf einzelne Wörter zu achten und dem anderen das eine oder andere noch einmal hinzuhalten. Ein einfaches Beispiel:

Mein Gesprächspartner sagt z. B., er sei wütend auf mich. Ich erschrecke einen Augenblick und merke selbst einen aggressiven Impuls, sage dann jedoch:
Ist da noch ein anderes Gefühl?
Er (nach einigem Nachdenken): Ja, ich bin auch traurig, dass wir so miteinander reden.
Ich: Traurig über dich oder mich?
Er: Auch über mich.
Ich: Ist darunter noch ein anderer Gedanke oder ein Gefühl?
Er: Vielleicht haben wir ja nun die Talsohle in unserer Beziehung erreicht, sodass es nur noch besser werden kann.
Ich: Was könnte denn besser werden?
Er: Unsere Offenheit füreinander.
Ich: Und wie sieht es mit der Hoffnung darauf aus?
Er: Groß ist sie nicht, aber sie ist noch da.
Ich: Meinst du, sie könnte wachsen?
Er (noch ein wenig trotzig): Das hängt nicht nur von mir ab.
Ich: Was macht deine Wut?
Er: Das siehst du ja. (Er lächelt, wenn auch noch ein wenig gequält).

Ob Sie meinen, ein solches Gespräch sei zu künstlich? Das glaube ich nicht. Es ist nur unüblich. Es ist nur ein aufmerksames Gespräch. Und die Erfahrung zeigt, dass es rasch in tiefere Dimensionen führt. Manchmal ist es gut zu *schweigen*, z. B. dann, wenn ein wichtiger Satz gesagt wurde. Oder dann, wenn im Augenblick nichts Wichtiges zu sagen ist. Auch die *Kultur der Wortsuche* ist ein Aspekt des Schweigens. Sie scheint mir besonders in dieser Zeit wichtig zu sein. Wer sich Zeit nimmt, so lange nach einem stimmigen Wort zu suchen, bis es den anderen trifft oder berührt, vertieft das Gespräch. Selbstverständlich sollte er auch dem anderen Raum geben, das Wort, das bei ihm „angekommen" ist, auf sich wirken zu lassen.

Schweigen kann ehrlich sein, auch vertrauensbildend, besonders dann, wenn beide es zulassen. Nicht selten vertieft es die Beziehung zwischen den Gesprächspartnern.

Das Wesen des menschlichen Geistes ist seine Intentionalität. Hinter diesem abstrakten Satz steht die Tatsache, dass der Geist nur dann aktiv und wirksam ist, wenn er sich auf wertvolle und anschauliche Ziele ausrichten kann. Das heißt praktisch:

Geht es um ein wichtiges Gespräch, dann gilt es, möglichst *lösungsorientiert* zu sein und sich das Ziel konkret zu vergegenwärtigen. Das bedeutet, die „Kugel der Hoffnung" über den Fluss zu werfen – in der Erwartung, dass ich das andere Ufer erreiche. Darüber hinaus geht es um die plastische Bewusstmachung dessen, wozu wir uns getroffen haben. Das darf jedoch nicht dazu führen, die Barrieren vor den Zielen achtlos zu übersehen.

Hilfreich ist ein Gespräch nur dann, wenn *neue* Wirklichkeiten entstehen. Denn wenn es nicht nur eine bloße Unterhaltung oder ein „Sprachereignis" sein soll, wird aus dem Gespräch Handlung.

Gesprächsfallen

Es gibt Gesprächsfallen, die man kennen sollte. Sie sind Produkte des Lebensverneiners. Man nennt sie oft „normal" oder „realistisch". Gerade sie sind die größten Barrieren auf dem Weg der Verständigung. Gesprächsfallen nenne ich Situationen, in denen es Gesprächspartnern nicht darum geht, für *beide* ein befriedigendes Ziel zu erreichen, sondern darum, die *eigenen* Wünsche und *sich selbst* durchzusetzen.
Im Folgenden gehe ich kurz auf eine Reihe *typischer* Fallen ein. Sie stellen allerdings keineswegs das ganze Spektrum der Möglichkeiten dar, die Gespräche behindern können. Auch die Lösungsmöglichkeiten sind nur Beispiele. Vielleicht findet der eine Leser sie treffend, für den anderen sind sie möglicherweise ein Anreiz, nach Alternativen Ausschau zu halten.

Wenn der eine in Not ist und der andere darauf gönnerhaft, moralistisch, mit Rat-Schlägen reagiert oder mit der Bemerkung aufwartet, „das" habe er schon lange kommen sehen, fühlt sich der andere gedemütigt, „kleingemacht".
Beispiele: „Ach, weißt du, du hast ja mich ..." Oder: „Ich an deiner Stelle hätte mich nie darauf eingelassen ...", „Das nächste Mal solltest du ...", „Man darf eben bei sowas nicht zu voreilig sein ...", „Das hättest du nie tun dürfen ..."
Lösungsmöglichkeit: „Ob du einmal darüber nachdenkst, wie diese Sätze auf mich wirken?"

Wenn sich der eine öffnet und der andere ihn nur beobachtet, sich also zurückhält, wird sich der Offene irgendwann beschämt fühlen.
Beispiele (Sätze des Offenen): „Du sagst ja gar nichts ...", „Nun habe ich dir so viel von mir erzählt, und weiß gar nicht, was *du* denkst.", „Entschuldige, dass ich dir das alles erzählt habe.", „Wahrscheinlich habe ich dich jetzt gelangweilt ..."
Lösungsmöglichkeit: „Seltsam: Ich bemerke gerade, dass du mir ganz ferngerückt bist."

Eine andere Gesprächsfalle ist die indirekte Kritik. Sie behindert die Offenheit und stört den anderen in seiner Aufmerksamkeit (Was wollte er mir eigentlich sagen?). *Beispiele:* „Ich staune darüber, wie chic sich deine Schwester anzieht.", „Weißt du noch, wie gut du dich früher durchsetzen konntest?", „Es war für dich sicher nicht leicht, dem Gespräch zu folgen."
Lösungsmöglichkeit: „Du wirst es kaum glauben – aber ich verstehe auch direkte Kritik."

Wenn einer den anderen gut kennt und ihn an seiner *Schwachstelle* angreift, macht er sich ihm überlegen. Die Folge: Der andere zieht sich zurück, oder er entschuldigt sich, oder er wird aggressiv, oder er beginnt zu weinen. Wie immer er auf den von ihm so empfundenen „Angriff" reagiert – zu einem partnerschaftlichen Gespräch führt dieses Verhalten nicht.
Beispiele: „Hast du nicht selbst gesagt, du könntest nicht gut mit Geld umgehen?", „Meinst du, dass du deinem Job gewachsen bist?", „Traust du dir das Gespräch mit dem Chef wirklich zu?", „Das wirst du wohl nie lernen ..."
Lösungsmöglichkeit: „Was hast du mit mir vor? Möchtest du mich entmutigen oder ermutigen?"

Mancher wartet in Auseinandersetzungen darauf, bis der andere *weich* wird, weil er nicht mehr kämpfen mag. Dann wird der „Wartende" vielleicht großmütig, mitleidsvoll oder gar schamlos. Die Folge: Der andere „kapituliert" und ist vor allem damit beschäftigt, sein Verhalten zu erklären, zu rechtfertigen oder es als Stärke umzudeuten. Das Gespräch verliert seine Mitte. Nicht mehr das Thema steht im Mittelpunkt, sondern der (bereits entschiedene) Machtkampf.
Beispiele: „Also, mein Lieber, du siehst ,es' also ein ...", „Ich wusste ja, dass du vernünftig bist ...", „Du weißt, dass ich mich in diesen Dingen selten täusche.", „Macht ja nichts. Jeder kann sich ja mal irren ..."
Lösungsmöglichkeit: „Du hast das Spiel gewonnen. Fühlst du dich auch wohl?"

Zu den allgemein üblichen Gesprächsfallen gehört auch die Neigung, dem anderen ungerechtfertigte *Schuldgefühle* zu „machen". Das führt dazu – wenn der andere sie zulässt –, dass sich der Beschuldigte moralisiert fühlt. Die Folge kann sein, dass er sich dem anderen unterwirft oder sich zu entschuldigen oder zu rechtfertigen versucht. Er fühlt sich entwertet. Das bis dahin vielleicht partnerschaftliche Gespräch bekommt ein Gefälle.

Beispiele: Wenn eine Frau sich mehr als bisher um die Kinder kümmern möchte, weil sie Schulprobleme haben, und der Mann ihr sagt: „Du liebst mich wohl nicht mehr " –, wenn ein Mann keinen Weg findet, wie er die geforderten Überstunden in der Firma verhindern kann, und sie ihm sagt: „Ich bin dir wohl nicht mehr wichtig" – , dann wird der so entstehende Stress vermutlich kein bekömmliches Gesprächsklima aufkommen lassen.

Lösungsmöglichkeit: „Bitte versuch einmal, meine Situation mit meinen Augen zu sehen."

Wenn der eine *Ablenkungsmanöver* versucht, um einer notwendigen Auseinandersetzung aus dem Weg zu gehen, reizt er den anderen zur Ungeduld und nimmt sich selbst die Möglichkeit zu klären, was klärungsbedürftig ist.

Beispiele: „Bevor wir darüber sprechen, muss ich dir noch unbedingt erzählen, was gestern Abend passiert ist.", „Eines muss ich dir lassen: Du sprichst die Dinge immer gleich an. Wo hast du das gelernt?", „Bevor wir anfangen – wie geht's deiner Frau?"

Lösungsmöglichkeit (humorvoll): „Eines muss ich dir lassen: Du bist noch immer ein Meister der Ablenkung. Also: Wo waren wir stehen geblieben?"

Zu den Gesprächen, die mit Sicherheit keine Lösungen schaffen, gehören jene, in denen jemand einen gegenwärtigen Konfliktstoff in die *Vergangenheit* verlagert oder *grundsätzlich* wird. Selbstverständlich bleibt dann das aktuelle Problem ungelöst.

Beispiele: „Merkst du, dass du mit mir so redest, wie deine Mutter mit deinem Vater geredet hat?", „Es fällt

mir auf, dass du deinem Vater immer ähnlicher wirst.", „Kannst du oder kann irgendein anderer ‚das' überhaupt beurteilen?", „Wir müssen erst einmal klären, von welchen Voraussetzungen wir das Problem angehen sollten."
Lösungsmöglichkeit (humorvoll): „Bist du der Meinung, dass wir einen so langen Anlauf brauchen, um zur Sache zu kommen?"

Wer hört nicht gern ein anerkennendes Wort? Es ist allerdings ein Unterschied, ob einer dem anderen begründet etwas Positives sagt oder ihm nur *schmeichelt.* Schmeicheln ist der unangenehme Versuch, durch nicht ganz ernst gemeinte Lobreden den anderen für sich zu gewinnen und/oder eine schwierige Gesprächssituation zu umgehen. Wer darauf hereinfällt, ist gegenüber dem Schmeichler nicht mehr frei. Wer die Schmeichelei durchschaut, wendet sich wahrscheinlich von ihm ab. *Beispiele:* „Wie du das wieder gesagt hast! Ich wollte, ich könnte so reden wie du.", „Du bist in deinem Fach einfach besser als alle anderen.", „Weißt du eigentlich, wie toll du heute aussiehst?"
Lösungsmöglichkeit: „Kann es sein, dass du mir schmeicheln möchtest? Das würde mich bedrücken."

Eine Variante des Schmeichelns besteht darin, in einer konkreten Situation einem anderen mit *gezielter* Freundlichkeit zu begegnen, um eine bestimmte Absicht durchzusetzen.
Beispiel: Nehmen wir an, jemand in der Firma hat ein Teamgespräch, in dem er auf die Unterstützung eines Kollegen angewiesen ist, mit dem er bislang nichts zu tun haben wollte. In dem Gespräch sagt er plötzlich, ohne seinen Sinneswandel zu begründen: „Es wird dich zwar überraschen, aber du gehörst zu den Kollegen, die ich am meisten schätze." Der so Gepriesene wird sich über die ihm bis dahin nicht bekannte „Wertschätzung" wahrscheinlich wenig erfreut zeigen.
Lösungsmöglichkeit: „Ich bewundere deinen Gesinnungswandel. Er kommt offenbar zur rechten Zeit."

Auch das kann eine Falle sein, wenn der eine bewusst die „Marschrichtung" des Gesprächs verändert in der Erwartung, der andere werde ihm dann entgegenkommen. *Beispiel:* Im Gespräch soll es darum gehen, wer die Renovierung der Wohnung bezahlt, der Vermieter oder der Mieter. Der Vermieter sagt: „Kürzlich bot mir jemand für dieses Haus viel Geld. Als sozialer Mensch weiß ich aber noch nicht, ob ich mich auf das Angebot einlassen soll ..." *Lösungsmöglichkeit:* „Ich würde an Ihrer Stelle darüber nachdenken, was für Sie wichtiger ist: das viele Geld oder die soziale Einstellung?"

Es gibt echte Tränen, und die wollen wir mit Anstand und Mitgefühl respektieren. Es gibt auch Tränen, die geweint werden, um den anderen gefügig zu machen und ihn daran zu hindern, Kritisches zu sagen. *Beispiel:* Eine Frau möchte mit ihrer Freundin darüber sprechen, warum sie mit einer anderen über sie „getratscht" habe. Daraufhin beginnt die Freundin zu weinen. *Lösungsmöglichkeit:* „Worüber weinst du? Über dein ‚Tratschen' – oder aus Angst vor diesem Gespräch?"

Zu den unangenehmsten Fallen gehört das Kolportieren von *Gerüchten* über den Gesprächspartner, besonders dann, wenn sie die Funktion haben, ihm sein Selbstwertgefühl zu nehmen. *Beispiele:* „Ich glaube, ich sollte dir das sagen: Kürzlich hörte ich jemanden sagen, du hättest mit deinem Mann Probleme ...", „Ich habe gehört, dass ihr Geldsorgen habt ...", „Stimmt es, dass euer Sohn Haschisch raucht?" *Lösungsmöglichkeit:* „Möchtest du mit *mir* sprechen? Oder möchtest du über das *Gerücht* sprechen? Wehtun möchtest du mir *nicht?"*

Wenn einer dem anderen sagt, er möge nicht so aggressiv sein – und der andere ihm ohne Grund ein ähnliches Verhalten vorwirft, ist das Gespräch auf der Stelle gestört. *Beispiel:* Der eine: „Ich mag es nicht, dass du in einem solchen Ton mit mir sprichst." Der andere: „Das sagst

ausgerechnet du? Merkst du nicht, wie aggressiv du bist?
Du solltest mal in den Spiegel sehen!"
Lösungsmöglichkeit: Schweigen. Dann (humorvoll):
„Wollen wir das Gespräch noch einmal beginnen?"

Ein kluger Mann sagte einmal, man solle nicht einen
Menschen, sondern, wenn es denn unvermeidlich sei,
nur *etwas an ihm* hassen. Im anderen Fall verkenne man
dessen wahres Wesen. Das bedeutet im Blick auf Gespräche: Wer einen Menschen hasst, leidet an Wahrnehmungstörungen. Er verallgemeinert die Schwächen und „Fehler" des anderen und
übersieht seine liebenswerten Seiten. Denn ein Mensch
ist immer „mehr" als das, was er sagt und tut. Deshalb gelingt kein Gespräch, in dem einer dem anderen z. B. sagt:
„Du *bist* ein Heuchler, ein Versager, ein Lügner."
Die beste *Lösungsmöglichkeit* besteht darin, den anderen – so bald wie möglich – auf das *konkrete* Heucheln,
Versagen oder Lügen anzusprechen.

Die wahrscheinlich fatalste Gesprächsfalle ist die *Unwahrhaftigkeit* (oder sollte ich präziser „Lüge" sagen?). Wer
lügt, verschleiert die Tatsachen und lässt den anderen in
die Irre laufen. Vertraut der andere ihm, geht er von Voraussetzungen aus, die in der Folgezeit möglicherweise
sein ganzes Leben stören. Vertraut er ihm nicht, so ist der
weitere Verlauf des Gesprächs eine Farce – es sei denn, er
konfrontiert den Lügenden mit seinen Zweifeln.
Für diesen Punkt gibt es leider so viele *Beispiele,* vor
allem in Beziehungen, dass sich Veranschaulichungen
erübrigen.
Lösungsmöglichkeit: „Leicht kommt es mir nicht von der
Zunge – aber ich habe den Eindruck, dass du mir nicht
die ganze Wahrheit sagst."

Zehn Leitsätze für ein gutes Gespräch

1. Die innere *Vorbereitung* auf ein wichtiges Gespräch ist
    die erste Bedingung dafür, dass es gelingt. Dazu

gehört vor allem die Frage, ob ich mich selbst und den anderen bejahe oder verneine und was ich in dem bevorstehenden Gespräch mit dem anderen gemeinsam erreichen möchte.

2. Nur wer ein Problem- und Konfliktgespräch wirklich *will*, hat die Chance, gemeinsam mit dem anderen Lösungen zu finden. Und nur wer den anderen nicht nur von seinen Grenzen, sondern auch von seinen *Möglichkeiten* her ansieht, hat die Chance, sie entfalten zu helfen.

3. Wenn der eine den anderen *sich* aussprechen lässt, erfährt er bereits viel von ihm *selbst*. Wenn er ihm zuhört und sich in das, was er sagt, einhört, wird er mit seiner Andersartigkeit vertraut.

4. Die Erkenntnis und *Anerkenntnis* der Andersartigkeit des anderen ist eine der wichtigsten Voraussetzungen für das Gelingen eines Gesprächs. Diese Tatsache sich immer wieder neu bewusst zu machen, ist mühsam, aber hilfreich.

5. Kein Gespräch ist befriedigend, wenn sich ein oder gar beide Gesprächsteilnehmer nur *beobachtend* verhalten, sich also nicht füreinander öffnen.

6. Ebenso wenig verstehen sich zwei Menschen, wenn sie entweder nur sachlich oder nur emotional miteinander sprechen. Denkendes *und* fühlendes Sprechen gehören zusammen.

7. Dauerhaft *aggressives* Sprechen führt nie zu Lösungen, denn es ist Ausdruck von Rechthaberei, Machtkampf und Ichbezogenheit.

8. Jedes *Schuldverschiebespiel* stört das Gespräch. Wenn der eine damit beginnt, ist es wichtig, dass der andere es so weit wie möglich durchschaut und es beim Namen nennt. Doch besteht durchaus die Möglichkeit, dass er selbst diesem Spiel erliegt.

9. Kenntnis und *Vermeidung* von Gesprächsfallen verhindern sinnlose Gespräche.

10. Schweigen kann kreativ und vertrauensbildend sein.

Allein leben

Mehr als die Hälfte der Menschen in Deutschland leben allein, und es sieht so aus, als wachse diese Gruppe ständig weiter an. Nach verlässlichen Umfragen jedoch ist für die meisten Deutschen der wichtigste Wert im Leben eine beglückende Partnerschaft. Welche Gründe gibt es für diesen seltsamen Widerspruch? Ich sehe drei Aspekte.

Der erste Aspekt:
Menschen dieser Zeit werden mehr als in anderen Epochen dazu ermutigt, ihre Wünsche zu leben. Das ist gut und überfällig. Die Folge ist leider auch, dass sie *zu stark* auf ihre Wünsche fixiert sind und daher die Tatsache aus den Augen verlieren, dass wir nicht nur Individuen, sondern auch Gemeinschaftswesen sind. (Vor den Folgen einer solchen Entwicklung haben schon immer die Weisen aller Denkrichtungen gewarnt.)

Der zweite Aspekt:
In dem Maße, in dem sich der Mensch selbst als Garant seines Glücks zu verstehen begann, nahm das Gefühl der Geborgenheit im Leben ab. In dem Maße, in dem dieses Gefühl abnahm, wuchsen wechselseitig die Erwartungen der Menschen aneinander und damit die Ansprüche. Je höher die Erwartungen wurden, desto mehr entwickelte sich die Tendenz, sich gegenseitig zu überfordern.

Der dritte Aspekt:
Wie sollte, wenn alles in unserer Zeit im Umbruch ist – technologisch, politisch, sozial, ethisch –, der sensibelste Bereich des Menschen, Ehe und Partnerschaft, davon ausgenommen sein? Die Menschen von heute sind nicht beziehungsunfähiger als in früheren Epochen. Sie haben nur weniger Leitlinien, an denen sie sich orientieren könnten. Wer das leugnet, sollte eine Woche lang die Not erleben, die sich in Beratungspraxen zeigt.
Fest steht, dass wir es mit einem Massenphänomen von großer Bedeutung zu tun haben, das gesellschaftlich

weit mehr als bisher beachtet werden sollte. Denn viele
allein Lebende haben mit ihrer Situation erhebliche Probleme und suchen vergeblich nach Lösungen.

Längst bemerkt haben dieses Phänomen diejenigen,
die stets ein Gespür für Marktlücken haben, und das sind
bekanntlich nicht wenige. So fand der „Focus" heraus:
„Der Kontaktmarkt wächst ständig. Um das Geschäft mit
den meist gut verdienenden Solisten werben Tausende
Spezialdienstleister. Partner- und Freizeitagenturen orga-
nisieren Romantik und Spaß im Kreise Gleichgesinnter.
Private Fernseh- und Radiosender spezialisieren sich aufs
Vermitteln einsamer Herzen. Veranstalter ziehen mit
‚Fisch-sucht-Fahrrad-Partys' durch die Republik. Volks-
hochschulen lehren erfülltes Alleinsein, Flirtschulen den
gekonnten Aufriss und Tanzschulen rhythmisches Balzen
bei Mambo und Merengue." Kein ernsthafter Mensch
wird jedoch behaupten, dass die meisten der hier genannten „sozialen" Lückenfüller die durch das Alleinsein
entstehenden Probleme befriedigend lösen könnten.

Dieser Text behandelt nicht primär die gesellschaftliche
Dimension des Phänomens. Es beschränkt sich darauf,
hilfreiche Ansätze für Einzelne zu zeigen, allerdings andere als die im „Focus" beschriebenen. Sie haben nichts
mit Marketingerwägungen zu tun, sondern spiegeln
Erfahrungen und Hilfen aus der konkreten Arbeit mit
vielen allein Lebenden wider.

Einsamkeit

Wie erleben allein Lebende ihr Dasein? Stehen sie dazu oder nicht? Arrangieren sie sich mit ihm oder leiden sie an ihm? Das Meinungsforschungsinstitut NFO Infratest befragte jüngst im Auftrag des „Focus" 504 Deutsche im Alter zwischen 18 und 64 Jahren – Ledige, Geschiedene, Verwitwete und seit Langem getrennt Lebende – nach ihrem Empfinden. Zwei der meines Erachtens wichtigsten Ergebnisse lauten: Viele allein Lebende wünschen sich eine Partnerschaft. Nur wenige sind mit ihrem Alleinsein zufrieden. Männer haben mehr Probleme mit ihrem Stand als Frauen.

Mehr als die Hälfte der allein Lebenden vermissen Geborgenheit und Wärme, vermissen einen Menschen, mit dem man über alles sprechen und für den man da sein kann. Diese Mängel wiegen der Umfrage nach schwerer als der Mangel an Sexualität und finanzieller Sicherheit.

Was die genannte Statistik nicht beim Namen nennt, ist die Tatsache, dass viele allein Lebende mehr oder weniger unter Einsamkeit leiden. Denn hinter dem Wunsch nach Geborgenheit und Wärme, nach vertraulichen Gesprächen und danach, für jemanden da zu sein, steht häufig dieses Gefühl. Wer daran leidet, spricht nur selten darüber. Denn wer sich einsam nennt, scheint weniger attraktiv, scheint mit einem Makel behaftet zu sein.

Wer ist denn einsam?
Einsam ist, wer sich vergeblich nach einem Menschen sehnt und keine Beziehung zu anderen und zum Leben findet. Einsam ist, wer in sich selbst nicht zu Hause ist, keinen Sinn mehr im Leben sieht und nicht mehr weiß, wozu er da ist.

Wenn sich die Einsamkeit einem Menschen nähert, wirft sie ihre Schatten voraus. Er fragt sich häufiger, womit er sich beschäftigen könne. Er nimmt den Hörer ab und ruft doch niemanden an. Er beginnt sich zu langweilen, spürt nur noch wenig Antrieb. Oder er stürzt sich in Aktivitäten, die er eigentlich gar nicht will. Er schläft nicht mehr gut und lacht nur noch selten. Er fühlt Neid, wenn andere sich vergnügen. Er fühlt Unzufriedenheit. Vieles, worüber er sich einmal freute, wärmt ihn nicht mehr. Manches, was er schön fand, sieht er nicht mehr. Sein Blick für die positiven Werte im Leben verengt sich. Dann und wann, wenn es ganz still in ihm wird, durchzieht ihn ein Schmerz, von dem er nicht weiß, woher er kommt und wohin er geht. Nur manchmal hört er Fragen von anderen, was er denn habe und was ihm fehle. Es ist wichtig, die Vorboten der Einsamkeit zu bemerken und zu beachten. Zunächst geht die Seele mit einem Menschen behutsam um, wenn sie mit seiner Art zu leben nicht einverstanden ist. Sie schickt ihm neue, fremde Gefühle, die ihn aufmerken lassen könnten, dass etwas mit ihm nicht stimmt. Beachtet er diese Vorboten nicht, bedrängt sie ihn mehr. Sie stört und verstimmt sein Gemüt. Sie reizt und ermüdet oder kränkt seinen Körper, bis er auf sie zu hören beginnt und verändert, was zu ändern ist. Denn die Seele will leben, will sinnvoll, auch glücklich leben – nicht nur für sich, auch mit anderen.

Gründe für Einsamkeit

Es gibt *verständliche* Gründe für Einsamkeit, z. B. an den Übergängen zwischen Lebensphasen. Und der, der sie zu verstehen gelernt hat, betrachtet sie im Nachhinein als Grund für die Wende in seinem Leben:

Ein junger Mensch erfährt die Einsamkeit bei seiner Suche nach seinem eigenen Wesen und Weg, wenn niemand da ist, der auf seine Fragen antwortet. Ein Mensch in der Mitte des Lebens erlebt sie, wenn das, worauf er gebaut hat, hinfällig wird, z. B. die Ehe, der Freundeskreis, der Beruf, die Lebensplanung. Ein alter Mensch leidet an Einsamkeit, wenn z. B. der Partner nicht mehr lebt, wenn er die vertraute Wohnung verlassen muss und der Tod nicht mehr fern ist.

Andere Gründe scheinen *schicksalhaft* zu sein. Dabei denke ich z. B. an den Verlust des Partners durch Tod, Trennung oder Scheidung. Wieder andere lassen sich auf keine Partnerschaft ein, weil sie z. B. durch Missbrauch oder den Dauerstreit ihrer Eltern keinen Mut dazu haben. Es gibt auch Menschen, die davon überzeugt sind, aufgrund ihres Aussehens, ihrer sozialen Herkunft oder ihres Alters von niemandem gewollt zu sein.

Einsamkeit als Schicksal

Wahrscheinlich sind die meisten Gründe für Einsamkeit *nicht* schicksalhaft, jedenfalls auf Dauer nicht.

Wenn du die von dir selbst gehasste Isolierung gar nicht erst zu überwinden *suchst* – ist das dann Schicksal?
Wenn du mit keinem Menschen deiner Umgebung offen reden *willst* –
wenn du einen Tag wie den anderen verbringst und darunter leidest –
wenn du den Sinn bislang nicht gefunden hast und nicht weiter nach ihm *Ausschau hältst* –
wenn du in deiner Not niemanden *fragst*, der sich in Nöten auskennt –
ist das dann Schicksal?

Fast jede Krise, in welcher Gestalt sie auch erscheint, kann zur Chance werden, wenn der von ihr Betroffene sie als eine zum Leben gehörende Herausforderung begreift. Oft liegen die Gründe für Einsamkeit nicht in der Außenwelt, sondern in uns *selbst*, z. B. darin, dass wir von anderen zu viel oder zu wenig erwarten, dass wir ihnen zu viel oder zu wenig geben, dass wir vor ihnen zu viel oder zu wenig Achtung haben. Oft liegen sie darin, dass wir uns selbst nicht mögen und daher auch andere nicht akzeptieren, dass wir uns selbst verachten und daher andere auch. Es kann auch sein, dass wir zu wenig Initiative entwickeln, weil wir nicht begriffen haben, dass die Voraussetzungen für Glück in aller Regel Arbeit verlangen.

Die Erfahrung zeigt, dass der Einsamkeit erfolgreich gegengesteuert werden kann, wenn ein Mensch beginnt, sich selbst so ehrlich wie möglich zu begegnen und sich zu fragen, welchen Anteil er *selbst* daran hat, dass er keine Beziehung zu anderen findet. Eines ist klar: Einsamkeit ist keine Lebensmöglichkeit, weil sie dem Wesen des Menschen widerspricht. Denn ein Mensch ist beides: Individuum *und* Gemeinschaftswesen. Deshalb lebt nur derjenige „ganz", der beides vereint. Lebt er übermäßig in der Gemeinschaft anderer, tendiert er dazu, sich selbst aufzugeben. Lebt er dagegen in zu starkem Maße die individuelle Seite aus, wird er egozentrisch. Für die Entwicklung der Persönlichkeit ist das eine ebenso wenig förderlich wie das andere. Deshalb birgt Einsamkeit Gefahren in sich, die die Möglichkeit behindern, sie zu überwinden.

Die gravierendste Behinderung ist die *Resignation*. Wer resigniert, verliert den Mut. Er verliert die Hoffnung. Er glaubt nicht mehr an neue Erfahrungen, er verzagt. Er fühlt sich niedergeschlagen. Er fügt sich passiv in das, was unabänderlich zu sein scheint. Er findet sich mit dem ab, was ist, er gibt auf. Er gibt sich selbst auf.

Eng mit der Resignation verwandt ist das *Selbstmitleid*, dessen besondere Eigenschaft darin besteht, dass der Selbstmitleidige nicht danach fragt, was er selbst mit der Entwicklung seines gegenwärtigen Zustandes zu tun hat, sondern Gott und die Welt dafür verantwortlich macht. Weil er nur um das kreist, was er nicht ist, nicht hat und nicht kann, sucht er nicht nach Auswegen.

Leicht zu übersehen ist die enge Beziehung zwischen Resignation und *Trotz*. Wer in seiner Einsamkeit trotzt, wirkt auf andere rechthaberisch, störrisch, hartnäckig und unzugänglich. Eigensinnig setzt er seinen Willen durch und fordert das, was ihm zuzustehen scheint. Er trotzt gegen Menschen und gegen die Welt, gegen Vergangenes, Bestehendes und Zukünftiges, gegen das eigene und gegen das andere Leben – und gerät noch tiefer in die Einsamkeit hinein.

Eng verwandt mit dem Trotz ist der *Hader*. Wer mit seinem Schicksal hadert, ist ständig unzufrieden und beklagt sich. Er ist enttäuscht vom Leben, grollt und murrt und ist mit sich und der Welt uneins.

Resignation, Selbstmitleid, Trotz und Hader sind wenig hilfreiche Reaktionen auf Einsamkeit. Sie verhindern die Einsicht in deren Gründe und behindern die Offenheit für neue Wege.

Menschen suchen

Wer einsam ist, braucht Menschen. Doch Menschen, denen man vertrauen kann, muss man suchen. Und sollte jemand sagen, es gebe „auf der ganzen Welt" nicht einen, mit dem „man" sprechen könne, würde ich ihn fragen, ob er aus Erfahrung spricht – oder ob der *Trotz* mit seinen unseligen Ablegern seine Suche verhindert. Niemand darf behaupten, er wisse nicht, wo vertrauensvolle Menschen zu finden seien, wenn er noch nicht nach ihnen gesucht hat.

Wo sind sie denn zu finden?

Im selben Haus vielleicht. Im Geschäft nebenan vielleicht. Bei der Arbeit. Beim Einkaufen. Im Park. Im Wartezimmer beim Arzt. In einer Behörde. Im Café. Darüber hinaus sind die Zeitungen voll von Hinweisen auf Kreise, Gruppen, Seminare, Veranstaltungen, Gesellschaften oder Verbände etc.

Wichtiger aber als die Wahl des Ortes ist die *Haltung*, mit der ich auf andere zugehe: Lasse ich den Gedanken zu, dass *neue* Erfahrungen möglich sind? Ist mir bewusst, dass die Art der Begegnung nicht nur von dem anderen, sondern auch von mir abhängt? Bin ich *offen* für den, der mir neu begegnet?

Wenn aber tatsächlich niemand da ist, mit dem der Einsame sprechen kann, bleibt die Möglichkeit, jene aufzusuchen, die dazu berufen sind, anderen behilflich zu sein, z. B. Helfer in Beratungsstellen. (Und keinesfalls kostet eine solche Hilfe immer Geld.)

Zweifellos gibt es Zeiten, in denen die Einsamkeit so stark die Seele verdunkelt, dass sie sich in sich zurückzieht und keinen Laut mehr von sich geben mag. Gewiss kommt es vor, dass ein Mensch keine Kraft mehr hat, der Einsamkeit zu widerstehen und sich anderen zu öffnen. Dann kann es wichtig sein, für eine Weile gar nichts mehr zu tun und sich einfach fallen zu lassen. Dann braucht er vielleicht nichts mehr zu tun als genau das: aufzuhören, sich an seiner Not wund zu reiben und sie bewältigen zu wollen. Es kann sein, dass sich seine Seele nach einiger Zeit wieder erholt und jene „Heilung" übernimmt, um die er sich lange vergeblich bemühte. Manchmal braucht ein Mensch nichts mehr als die *Einwilligung* in das, was hier und jetzt nicht veränderbar zu sein scheint.

Protest gegen das Alleinsein

Manchmal aber, wenn ein Einsamer trotz aller Bemühungen, sein Leben neu zu gestalten oder anzunehmen, verzweifelt, wenn er sich ganz verloren fühlt, dann sage ich ihm:

Sieh deine Not als deinen ganz persönlichen Feind, schrei ihn an, brüll ihn an: Ich will dich nicht mehr! Ich habe dich satt! Ich bin deiner überdrüssig! Verschwinde aus meinem Leben!
Stampf dabei mit den Füßen auf den Boden!
Trommle mit der Faust gegen die Wand!
Schieb mit energischen Bewegungen deiner Hände deinen inneren Feind weit weg von dir, weit hinaus aus deinem Leben! Und verlass dich darauf, dass dein Geist, wenn er zum Orkan wird, freies Land für dich gewinnen wird.

Einmal braucht das jeder: den festgehaltenen Schrei der Seele loszuschicken, sich auszuwüten und zu empören. Jeder? Jedenfalls der, den die Seile der Verletzungen aus

alter Zeit oder der bedrückenden Gegenwart noch
immer einschnüren. Es ist zwar nobel, angesichts des Leidens nicht aus der
Haut zu fahren. Es ist respektabel, auf geistigem Wege
Verletzungen bewältigen zu wollen. Doch ehrenrührig ist
das nicht, für eine gewisse Zeit der Seele die Schleusen zu
öffnen, wenn die Trauer, die Wut und die Verzweiflung
stärker sind als die innere Freiheit angesichts der Not.
Der Auf-Schrei der Seele ist manchmal die letzte Möglichkeit, die Tür zum *eigenen* lebendigen Leben endlich
(wieder) zu öffnen.

Sich keine Vorstellungen machen

Zu den gefährlichsten Feinden des Menschen gehören
seine eigenen Vorstellungen. Was wir uns vorstellen oder
einbilden, bestimmt unser Leben, kann wahr werden
und eintreffen, beeinflusst uns. Das gilt für alles Leben,
für das Unglück ebenso wie für das Glück.
Wenn ich mir z. B. vorstelle, dass es in dieser Zeit keine
Menschen mehr gibt, denen ich vertrauen kann, verstelle
ich mir den Blick für die *ganze* Wirklichkeit. Dann nehme
ich mir die Möglichkeit, *hinter* den Vorhang meiner
selbst gemachten „Realität" zu sehen. Dann engt sich
mein Gesichtsfeld ein. Dann bin ich nicht mehr offen.
Dann resigniere ich. Dann werde ich trotzig, dann bemit-
leide ich mich selbst. Dann hadere ich mit mir und meiner Umgebung.

Was „soll" man dagegen tun?

Wer einsam ist, kommt nicht darum herum, irgendwann *aufzuhören*, sich auf seine Enttäuschungen, Verletzungen, (noch) nicht eingelösten Wünsche, Forderun-
gen, Ansprüche und Rechte zu fixieren, und seien sie
noch so verständlich, sondern *sich aufzumachen* (inner-
lich und äußerlich) und nach Wegen zu suchen, die er
bisher nicht gegangen ist. Denn davon bin ich überzeugt:
Es gibt *keine* Form gesellschaftlichen Lebens, die ein
Mensch *unbedingt* braucht: die Ehe nicht, die Partner-

schaft nicht, die Familie nicht. Was er dagegen unbedingt braucht, ist *Sinn*. Sinnfindung aber ist nicht an bestimmte, gesellschaftlich übliche Formen gebunden. Warum nicht? Weil Sinn nicht nur die stärkste Motivation für Leben ist, sondern auch ein Kind der Freiheit. Wer frei ist, kann sich auf bestimmte oder veränderte Bedingungen, wie etwa das Alleinsein, so *einstellen*, dass er es bejaht. Deshalb kann ein bejahtes Leben als allein Lebender ebenso wertvoll sein und auch so empfunden werden wie das in einer Partnerschaft.

Leben annehmen

Wer allein lebt und das nicht will, wird in besonderer Weise zu der Frage herausgefordert, worauf es im Leben in Wirklichkeit ankomme. Wenn tatsächlich keiner mehr da ist und die Einsamkeit der Seele den Atem nimmt, wenn die bohrenden Fragen kommen, was denn überhaupt noch Wärme und Halt gebe, worauf denn noch Verlass sei, dann ist es wichtig, diesen Fragen nicht auszuweichen. Fragen, die tief bohren, bringen manchmal auch tiefe Antworten hervor – nicht nur gedankliche, auch gefühlvolle und erfahrbare. Und vielleicht kommt er so zu der gewiss wichtigsten Erkenntnis: dass *die* Bedingung für ein gelingendes Leben nicht das Haben ist, sondern das *Sein.*

Was ist damit gemeint?
Jede Idee hat die Tendenz, sich zu verwirklichen, es liegt in ihrer Natur, sich als möglich und machbar zu begreifen. Ideen bestimmen unser Leben, wir leben und wir sterben mit ihnen. Ideen sind Pfeile des Geistes und deshalb stärker als alles andere. Weil das so ist, kommt es darauf an, dass wir danach fragen,
- ob wir uns unserer eigenen Ideen bewusst sind,
- welche Ideen unser Leben tatsächlich bestimmen,
- ob wir Ja, Jein oder Nein zum Leben sagen,
- ob wir die lebensbejahenden Ideen ausreichend fördern,

• ob wir dazu bereit sind, die lebensbejahenden Ideen in die Wirklichkeit hineinzuleben und sie zum Ziel kommen zu lassen.

Welche Idee wäre die wichtigste?

Eine das *ganze* Leben annehmende Einstellung! Denn das wäre volles Leben: alles, was ist, was war und was kommt, anzunehmen, in allem nicht nur irgendein, sondern *mein* Leben zu sehen, in allem, was mir begegnet, *Möglichkeiten* zu suchen, die mich berühren und lebendiger machen könnten – in Allem Sinn zu ahnen.

Das wäre volles Leben: nicht ständig woanders als hier und jetzt nach Glück zu fahnden, an diesem Tag, in dieser Stunde sich des Sinns und des Glücks bewusst zu sein, vor nichts mehr auszuweichen.

Was wäre die Alternative? Auszugrenzen, abzusondern, auszuscheiden, wegzuwerfen, was nicht zu unseren Vorstellungen zu passen scheint, was wir vielleicht jedoch dringend bräuchten, um eine bunte und kraftvolle Persönlichkeit zu werden.

Chancen des Alleinlebens

Zweifellos hat der, der allein lebt, nicht nur seine eigenen Probleme, er hat auch seine eigenen *Chancen*.

Allein leben – das ist die Herausforderung dazu, mehr als manch anderer *eigenständig* zu sein oder werden zu können. Wer eigenständig ist, steht auf eigenen Füßen, muss sich nicht auf andere verlassen, holt die Kräfte, die er zum Leben braucht, aus sich selbst. Er führt sein Leben selbst.

Wer eigenständig lebt, kann auch *eigensinnig* sein, findet eigenen Sinn für sich, fragt danach, was ihm persönlich entspricht und was nicht. Er übernimmt Verantwortung für sich. Und das kann tiefe Lust am Leben hervorrufen!

Es gibt viele beglückende Beispiele von Frauen und Männern, die erst durch die Not der Trennung vom Partner lernen konnten, mündig zu werden, und sich im

Nachhinein darüber wunderten, dass sie so lange in ihrem eigenen Schatten standen. Wer allein lebt, kann im konkreten Leben *freier* sein als in einer Partnerschaft. Was bleibt ihm nicht alles erspart! Wie viele zermürbende Auseinandersetzungen um kleine oder große Dinge braucht er nicht zu führen! Wie viele Verletzungen, unter denen andere täglich leiden, braucht er nicht zu ertragen! Wie viele Enttäuschungen bleiben ihm erspart! Freier sein kann ein allein Lebender auch in der Gestaltung seines Alltags. Er allein gestaltet seine Wohnung, seine Esskultur, seinen Umgang mit der Zeit, seine lang gehegten Wünsche und vieles andere mehr. Wie viele Menschen gibt es, die sich im Idyll der Partnerschaft verschließen und ihre Wärme nur dem oder der einen geben! Dagegen gibt es allein Lebende, die ihre Herzlichkeit vielseitig verschenken. Wer allein ist, muss nicht einsam sein. Die Möglichkeit, sein eigenes Herz zu öffnen und das anderer zu finden, bleibt ihm wie jedem anderen. Doch alles kommt darauf an, ob der, der (wieder) allein ist, sein Alleinsein nur als Problem oder als Chance sieht, ob er resigniert oder sich entschließt, die neuen Umstände persönlich, nach ganz eigenen Vorlieben, zu *gestalten*.

Vielleicht wird jemand bitter einwenden: Und wenn man gern eigenständig, eigensinnig, frei, anderen gegenüber offen und gestaltend sein möchte, aber *keinerlei* Selbstvertrauen mehr hat, diese hehren Ziele erreichen zu können, weil einem dieses famose Gefühl genommen wurde?

Wenn du lernen willst, dir selbst zu vertrauen, dann:
* Schau dir an, wie du dich selbst ablehnst!
* Sieh dir an, wie *du* dich durch die Tage gehen lässt!
* Empör dich gegen die Missachtung deines eigenen Lebens!
* Gesteh dir ein, dass du dich *selbst* zu wenig ernst nimmst!

- Lass die Schmerzen darüber zu, dass *du* es bist, der dir nicht vertraut!
- Frag danach, worin du dir selbst nicht treu bist!
- Frag auch danach, *worin* du dir treu bist!

Wenn du lernen willst, dir selbst zu vertrauen, dann:
- Fang *heute* an, dir selbst und anderen so wenig wie möglich aus dem Weg zu gehen!
- Weich auch nicht deinen Träumen aus – und sieh dir in deinen Träumen den Reichtum deiner eigenen Seele an!
- *Entscheide* dich dafür, das Gute in dir zu suchen! Entscheide dich auch, das Gute im Leben zu suchen!
- Entscheide dich, dieser Entscheidung nicht mehr auszuweichen –
- ... und sieh dir noch einmal an, wie du dich heute selber behandelst.

Hoffnung auf eine neue Partnerschaft

Wie wir wissen, suchen viele Alleinstehende eine (neue) Partnerschaft. Die Einstellung dazu sieht allerdings nach der *Trennung* von einem Partner sehr unterschiedlich aus. Das Spektrum reicht vom vorübergehend verbitterten „Nie mehr!" bis zum hektischen „So schnell wie möglich!" Sicher ist, dass der von seinem Partner Verlassene Zeit braucht, um die Ursachen der Trennung zu ergründen, zu verarbeiten und neue Perspektiven zu finden.

In diesem Abschnitt soll nur von denen die Rede sein, die sich zwar nach einer neuen Beziehung *sehnen*, jedoch wenig Hoffnung auf Erfüllung haben. Dazu einige Erfahrungen aus der Praxis:

Wer sich nach einem neuen Partner sehnt, sich jedoch darauf *fixiert*, keinen mehr finden zu können, hat es in der Tat nicht leicht, ihm oder ihr zu begegnen. Wer sich auf Misserfolg fixiert, wird ihn wahrscheinlich auch erleben. Darf ich es noch einmal sagen: Jede Idee hat die Tendenz, sich zu verwirklichen – auch die negative. Denn das, was wir denken, empfinden und fühlen, strahlt auf andere aus. Das, was wir sind, teilt sich anderen mit. Wie wir andere ansehen, nimmt *häufig* darauf Einfluss, wie sie uns erleben.

Zweifellos hängt der Verlauf unseres Lebens zum großen Teil davon ab, wie wir es selbst gestalten, aber nicht *nur* davon! Nicht *nur* von unseren Stärken oder Schwächen, unserem Aussehen oder unserer Ausstrahlung, unserem Geld oder unserer Geltung hängt ab, was aus uns wird und was wir erfahren! Denn auch das Leben *außerhalb* unserer selbst nimmt auf uns Einfluss, z. B. so, dass *andere* auf uns zugehen, dass andere uns begegnen, dass andere uns zu schätzen lernen, dass *das Leben selbst* hier und heute uns meint.

Je ichbezogener aber ein Mensch ist, desto weniger begreift er, dass wir uns im Spannungsfeld befinden zwischen uns *und* der Welt, dass nicht nur wir Geschichte machen, dass die Geschichte auch uns macht, dass das In-der-Welt-Sein des Menschen eine ständig fließende Wechselbeziehung ist zwischen uns und dem uns umgebenden Leben. Deshalb ist das Buch der Liebesbeziehungen voll vom Staunen darüber, dass der eine die andere – und die eine den anderen – entdecken konnte.

Die Frauen und Männer, die nicht mehr auf neues Glück zu hoffen wagen, vergessen allzu leicht, dass es außer ihnen *zahllose* andere gibt, die denken und zweifeln wie sie – und die wie sie darauf warten und warten und warten, dass jemand auf *sie* zuginge und das erste erlösende Wort sagte. Es lohnt sich, sich diese schlichte Tatsache eindringlich zu vergegenwärtigen.

Es ist schon seltsam: Wir haben keinen Zweifel daran, dass andere uns *unglücklich* machen können; weniger klar scheint zu sein, dass andere uns auch *glücklich* machen können, ohne dass wir selbst diesen Glücksfall eingeleitet hätten.

Worin hat die Hoffnungslosigkeit derer, die Sehnsucht nach einer neuen Partnerschaft haben, jedoch nicht (mehr) an deren Verwirklichung zu glauben wagen, ihren Grund? Nur in negativen *Erfahrungen* mit früheren Partnern? Nicht auch in der *Verweigerung* neuer Hoffnungen? Oder darin, dass sich jemand vom Leben *beleidigt* fühlt, weil es ihn dorthin führte, wohin er nicht wollte? Oder vielleicht darin, dass die lebensverneinende Stimme in ihm das neue Spiel der Liebe verderben will? Mag sein, dass dem Hoffnungsschwachen diese oder ähnliche Widerstände nicht bewusst sind. Doch weil es sie gibt – weil es sie tatsächlich gibt –, lohnt es sich, ihnen nachzugehen. Sicher ist: So manche Hoffnungslosigkeit ist nicht in äußeren Umständen, Bedingungen und Gegebenheiten begründet, sondern darin, dass Teile der Seele selbst die aufkeimende Hoffnung behindern. Und sicher ist auch, dass der, der solche Widerstände in sich zulässt, jede neue Chance, die sich ihm bietet, von vornherein torpediert.

Einmal sagte ein Mann, obwohl er ein Hundeliebhaber sei, wolle er keinen Hund mehr haben. Er sei nicht bereit, die Trauer über den Tod seines geliebten Tieres noch einmal zu erleben.

Es gibt auch Frauen und Männer, die sich zwar nach der Liebe sehnen, sie aber aus Furcht vor neuer *Enttäuschung* nicht finden (wollen). So nachvollziehbar diese Furcht ist – ob nicht der, der ihr nachgibt, eine viel größere Enttäuschung erleben könnte? Die nämlich, dass er aus lauter Sorge um die Wahrung seines (wieder) stabilisierten Seelenzustandes einmal erkennen müsste, zu wenig gewagt und daher zu wenig gewonnen zu haben.

Ähnlich könnte es jenen ergehen, die eine neue Beziehung verhindern, weil sie sich keine weitere *Niederlage* erlauben wollen und darum wenig Hoffnung auf neues Glück entwickeln. Wer so denkt, denkt allerdings mehr an seine „Ehre" als an die Liebe. Er beklagt mehr den Verlust seines „Rufes" als den Verlust seines Partners. Er hat sich selbst zu stark im Blick und hat vielleicht noch nie wirklich geliebt.

Deshalb gilt: Es ist besser, zu hoffen und dann zu scheitern, als gar nicht gehofft zu haben. Wer nicht zu hoffen wagt, gleicht dem, der seine Kräfte noch spürt, sie aber nicht mehr gebraucht, der den Ruf des Retters noch hört, ihm aber nicht mehr antwortet.

Auf diese Lebens-Möglichkeiten willst du verzichten, nur weil dein Leben möglicherweise auch anders verlaufen könnte?

Immer wieder höre ich von älteren Frauen, man dürfe sich nichts vormachen: Einen neuen Partner zu finden sei so unwahrscheinlich wie die Ziehung des großen Loses. Männer ihres Alters seien meistens gebunden. Nicht gebundene Männer favorisierten „selbstverständlich" jüngere Frauen. Die „jungen Dinger" seien ja auch tatsächlich attraktiver. Und überhaupt: Ältere Frauen hätten einfach wenig Chancen auf eine neue Beziehung.

Ohne auf diese Argumente im Einzelnen eingehen zu wollen – ich habe sie in den vorlaufenden Punkten gestreift –, gilt wieder: Wer sich auf die Nichterfüllbarkeit seiner Wünsche fixiert, verschließt sich neuen Möglichkeiten.

Einübung in ein mutiges Dasein

Jeder von uns geht seinen eigenen Weg, weil jeder von uns eine eigene Persönlichkeit ist. Der eine entschließt sich dazu, allein, ein anderer, in einer Partnerschaft zu leben. Ein Dritter lebt allein und sehnt sich nach nichts mehr als danach, sein Leben wieder mit einem anderen zu teilen. So oder so – die Voraussetzung, das tun zu können, wonach einem der Sinn steht, ist *Mut*. Mut aber ist mehr als eine unter anderen Eigenschaften, Mut ist die Grundvoraussetzung für ein gelingendes und daher sinnvolles Leben. Weil Mut keineswegs nur ein angeborenes Talent ist, sondern erworben werden kann, ist es wichtig, sich so weit wie möglich in ihn *einzuleben*. Statt weiterer Erörterungen möchte ich Ihnen, lieber Leser, Mut machen, sich einem sympathischen „Übungsprogramm" zu unterziehen.

Mein Vorschlag: Lassen Sie sich einen Monat lang an jedem Morgen fünf Minuten Zeit zur Besinnung auf einen kurzen Satz zum Thema Mut. Sollten Sie sich darauf einlassen, werden Sie überrascht sein, welche Wirkung von diesen wenigen Minuten ausgeht. Also:

1. Ich werde weniger auf die Schwierigkeiten, mehr auf die Möglichkeiten sehen.
2. Ich werde danach fragen, was mir besonders wichtig ist.
3. Ich werde nicht resignieren.
4. Ich werde die Hoffnung nie aufgeben.
5. Wenn ich den Mut verloren habe, werde ich ihn wieder suchen.
6. Ich *bleibe* mutig.
7. Der Mut meiner Träume wird zum Mut meiner Tage.
8. Ab heute werde ich die grünen Wiesen der Freude suchen.
9. Ich werde wieder Stunden der Besinnung suchen.
10. Mehr als bisher werde ich das Gute im Leben suchen.
11. Ich werde mich auch meiner Feigheit stellen.
12. Ich werde mich nicht mehr ständig absichern.
13. Ich widerstehe der Sorge!
14. Ich werde mehr wagen.
15. Ich sage Ja zum Leben.
16. Wenigstens einmal werde ich heute Stehvermögen zeigen.
17. Ich werde häufiger danach fragen, worauf es wirklich ankommt.
18. Wie denke ich jetzt – pro oder contra Leben?
19. Ich gebe dem Leben eine Chance, und nicht nur eine.
20. Ich vertraue dem Leben.
21. Ich fühle mich *ein* in das, was ich will.
22. Ich achte mehr darauf, was ein Mensch aus sich gemacht hat.
23. Ich muss mich mit niemandem vergleichen.
24. Als Erwachsener bin nur *ich* für mein Leben verantwortlich.

25. Ich werde so wenig wie möglich ausweichen.
26. Das kann ich wohl!
27. Ich suche die Freiheit in mir.
28. Ich werde nicht gleich verzagen.
29. In der Tiefe liegt der Grund zum Mut.
30. Ich kann immer wieder neu beginnen!

Quellen

Böschemeyer, Uwe: Vom Typ zum Original. Die neun Gesichter der
Seele und das eigene Gesicht. Ein Praxisbuch zum Enneagramm
(Books on Demand).
Ders.: Das heitere Enneagramm. Eine verständliche und humorvolle
Typenlehre. Hamburg 2013.
Ders.: Worauf es ankommt. Werte als Wegweiser. München 2003.
Ders./Magda Van Cappellen: Bei sich beginnen. Hamburg 2004.
Buber, Martin: Worte für jeden Tag. Hg. Dietrich Steinwede, Güters-
loh 1999.
Campbell, Joseph: Die Kraft der Mythen. Düsseldorf/Zürich 1994.
Hinschau, Robert, Lela Fischli (Hg.): Carl Gustav Jung. Ein großer
Psychologe im Gespräch. Freiburg i. B. 1994.
Hofmannsthal, Hugo von: Buch der Freunde. Frankfurt a. M. 1985.
Singer, Christiane: Zeiten des Lebens. Von der Lust, sich zu wan-
deln. 1992.

Impressum

Bibliografische Information der Deutschen Nationalbibliothek
Die Deutsche Nationalbibliothek verzeichnet diese Publikation in
der Deutschen Nationalbibliografie; detaillierte bibliografische
Daten sind im Internet über http://dnb.d-nb.de abrufbar.

© Ellert & Richter Verlag GmbH, Hamburg 2013

ISBN 978-3-8319-0529-4

Text: Uwe Böschemeyer, Salzburg
Redaktion: Julia Glasow, Hamburg
Gestaltung Titel: BrücknerAping Büro für Gestaltung GbR, Bremen
Gestaltung Innenteil: nach Entwürfen von BrücknerAping Büro für
Gestaltung GbR, Bremen
Titelfoto: Fotolia © Igor Yaruta
Druck: GGP Media GmbH, Pößneck

www.ellert-richter.de